Dale Carnegic

戴爾・卡耐基

經典名著

全世界暢銷書・勵志類排行榜第一名

增訂版

人性的弱點

戴爾・卡耐基　著

林郁　主編

名人推薦

除了自由女神，卡耐基或許就是美國的象徵。

——美國《時代周刊》

在出版史上，沒有任何一本書能像卡耐基那樣持久地深入人心，也唯有卡耐基的書，才能在他辭世半個世紀後，還占據著我們的排行榜。

——《紐約時報》

與我們應取得的成就相比，我們只不過是半醒著，我們只利用了身心資源的一部分。卡耐基因為幫助職業人士開發他們蘊藏著的潛能，在成人教育中掀起了一種風靡全球的運動。

——威廉・詹姆斯（哈佛大學著名心理學教授）

由卡耐基開創並倡導的個人成功學，已經成為這個時代有志青年邁向成功的階梯，通過它的傳播和教導，無數人明白了積極生活的意義，並由此改變了他們的命運。卡耐基留給我們的不僅僅是幾本書和一所學校，其實真正價值是：他把個人成功的技巧傳授給了每一個想成功的年輕人。

——甘迺迪總統（1963年在卡耐基逝世紀念會上的演講）

你真想將自己的生活改變的更好嗎？如果是，那麼本書可能是你們遇到的最好的書之一。

閱讀它，再閱讀它，然後開始行動。

——奧格・曼丁諾《世界上最偉大的推銷員》作者

《讀者文摘》推介：本書對你有什麼影響？

一	改變你陳舊的觀念，給你新的一頁，讓你耳目一新！
二	使你交友迅速，廣受歡迎，易得知己。
三	幫助你不畏困難，建立積極的人生觀。
四	幫助你使人贊同你，喜歡你。
五	增加你的聲望，和你成功事業的能力。
六	使你獲得新的機會。
七	增加你賺錢的能力。
八	幫助你成為一個更好的推銷員或高級職員。
九	幫助你應付抱怨，避免責難，使你與人相親相愛。
十	使你成為一個更好的演說家，一個健談者。
十一	使你每日生活中，易於應付這些心理學上的原則。
十二	使得有你在的場合，便可激起人生的熱忱。

作者簡介

戴爾・卡耐基，被譽為二十世紀人類最偉大的人生導師，也是成功學大師。

卡耐基於一八八八年11月24日出生在美國密蘇里州的一個貧苦農民家庭，是一個樸實的農家子弟，他的童年和其他美國中西部農村的男孩子並沒有什麼不同，他幫父母幹雜事、擠牛奶，即使貧窮也不以為意。這或許是因為他根本不覺得自己家裡很貧窮。在那個沒有農業機械的年代，他和父親同樣做著那些繁重的體力活，而一年的辛勞卻可能因為一場水災而付諸東流，或者被驕陽曬枯了，或者餵了蝗蟲。卡耐基眼見父親因為這些永無終止的操勞而備受折磨，發誓絕不拿自己的一生來和天氣賭每年收成到底是如何？

如果說卡耐基的童年和其他農村男孩子有什麼不同的話，那主要是受到他母親的強烈影響。她是一名虔誠的教徒，在嫁給卡耐基的父親之前曾當過教員。她鼓勵卡耐基接受教育，她的夢想是讓兒子將來當一名傳教士或教師。

一九〇四年，卡耐基高中畢業後就讀於密蘇里州華倫斯堡州立師範學院。他雖然得到全額獎學金，但由於家境的貧困，他還必須參加各種工作，以賺取必要的生活費用。這使他感到羞恥，養成了一種自卑的心理。因而，他想尋求出人頭地的捷徑。在學校裡，具有特殊影響和名望的人，一類是棒球球員，一類是那些辯論和演講獲勝的人。他知道自己沒有運動員的才華，就決心在演講比賽上獲勝。他花了幾個月的時間練習演講，但一次又一次地失敗了。失敗帶給他的失望和灰心，甚至使他想到自殺。然而在第二年裡，他開始獲勝了。

當時，他的目標是得到學位和教員資格證書，好在家鄉的學校教書。

但是，卡耐基畢業後並沒有去教書。他前往國際函授學校總部所在地丹佛市，為該校做推銷員，薪水是一天2美元，這筆收入可以支付他的房租和膳食，此外還有推銷的佣金。

儘管卡耐基盡了最大的努力，但是並不太成功，於是又改而推銷肉類產品。為了找到這種工作，他一路上免費為一個牧場主人的馬匹餵水、餵食，搭這人的便車來到了奧馬哈市，當上了推銷員，週薪為17.31美元，比他父親一年的收入還要高。

雖然卡耐基的推銷幹得很成功，成績由他那個區域內的第25名躍升為第一名，但他拒絕升任經理，而是帶著積攢下來的錢來到紐約，當了一名演員。作為演員，卡耐基唯一的演出是在話劇《馬戲團的包莉》中擔任一個角色。在這次話劇旅行演出一年之後，卡耐基斷定自己幹戲劇這行沒有前途，於是他又改回推銷的老本行，為一家汽車公司推銷汽車和卡車。

但做推銷員並不是卡耐基的理想。

在他從事汽車推銷時，他對自己的能力很懷疑。

有一天，一位老者想買車，卡耐基又背誦了那套「車經」。

老者淡淡地說：「無所謂的，我還走得動，開車只不過是嘗一嘗新鮮勁，因為我年輕時曾夢想成為汽車設計師，那時還沒有汽車呢……」

老者的一番話，慢慢吸引了卡耐基。他詳細地和老者討論起自己在公司的情況，後來他們的談話又轉到了人生的話題。卡耐基講述了自己最近的煩惱：「那天凌晨，對看一盞孤燈，我對自己說：『我在做什麼，我的夢想是什麼，如果我想要成為作家，那為什麼不從事寫作呢？』您認為我的看法對嗎？」

「好孩子，非常棒！」老者的臉上露出輕鬆的笑容，繼而說：「你為什麼要為一個你不關心又不能付你高薪的公司賣命呢？你不是想賺大錢嗎？寫作，在今天也是個不錯的選擇呀！」

「不，老先生，放棄工作是不可能的，除非我有別的事可做。但是我能做什麼呢？我有什麼能力能讓自己滿意地賺錢和生活呢？」卡耐基問。

老者說：「你的職業應該是能使你感興趣，並發揮才能的。既然寫作很適合你，為什麼不試一試？」

這一句話，讓卡耐基茅塞頓開。那份埋藏在胸中奔湧已久的寫作激情，被老者的幾句話給激活了。

於是，從那天起，卡耐基決定換一種生活。他要當一位受人尊敬、受人愛戴的偉大作家……

一個偶然的機會，卡耐基發現自己所在城市的青年會（ＹＭＣＡ）在招聘一名講授商務技巧的夜大老師。於是他前去應聘，並且被錄用了。

卡耐基的公開演說課程，不僅包括了演說的歷史，還有演說的原理知識。除此之外，他還發明了一種獨特而非常有效的教學方式。

當他第一次為學員上課時，就直接點名讓學員談他們自己，向大家講述他們日常生活中發生的事。當一個學員說完以後，另一個學員接著站起來說，然後再讓其他學員站起來說。這樣，直到班上每一個學員都發表過簡短的談話。

後來卡耐基說：「在不知道究竟該怎麼辦的情況下，我誤打誤撞，找到了幫助學員克服恐懼的最佳方法。」

從此以後，卡耐基這種鼓勵所有學員共同參與的教學方法，成為激發學員興趣和確保學員出席的最有效方法。雖然這種方法在當時尚無先例，也沒有什麼方法可以評定他這套方法的效果，但它確實奏效了，並且已經在全世界教出了許多更會說話且更有信心的人。

這一哲理的成功，可以從成千上萬名畢業學員寫來的信中得到證明。寫這些信的學員有工廠工人、家庭主婦、政界人士、公司負責人、教師及傳教士，他們的職業遍及了各行各業。

卡耐基於一九五五年11月1日去世，只差幾個星期67歲。追悼會在森林山舉行，被葬在密蘇里州他父母親墓地的附近。

一九五五年11月3日，華盛頓一家報紙刊載了下面這段文字——

「那些憤世嫉俗的人過去常常揣測，如果每個人都接受並且遵照卡耐基的話語去做，那將會成什麼局面？卡耐基先生在星期二去世了，他從來不屑於這些世故者的風涼話。他知道自己所做的事，而且做得極好。他在自己的書中和課程上，努力教導一般人克服無能的感覺，學會如何講話、如何為人處世。

「千百萬人受到他的影響，他的這些哲理如文明一樣古老，如『十誡』一般簡明，對於人們在這個狂亂的年代裡獲得快樂和成就極有幫助。」

作者簡介／007

第一部　獲得幸福的七種方法／015
第1章　了解自我、實現自我／016
第2章　防止疲勞及煩惱的四個習慣／027
第3章　疲勞的原因及其對策／034
第4章　驅除疲勞及煩惱的因素／041
第5章　你很富有嗎？／053
第6章　盛名之累／064
第7章　撐起傘、擋開責難之雨／069

第二部　感動他人的原則／075
第8章　對壞人也要講五分道理／076
第9章　滿足他人的「重要感」／097
第10章　置身於他人的立場／114
第11章　獻出真心／135

第12章　由衷的讚美／151

第三部　說服人的方法／167

第13章　不要指責對方的錯誤／168
第14章　心平氣和地說話／184
第15章　讓人說「是」的祕訣／197
第16章　如何啟發別人／205
第17章　喚起美好的心情／214

第四部　改變人的方法／221

第18章　人人容許的批評／222
第19章　先說出自己的錯誤／226
第20章　沒人喜歡接受命令／231
第21章　讓他人保全面子／233
第22章　卡耐基激勵自己的名言／237
第23章　卡耐基收藏的名人佳句／277

第一部

獲得幸福的七種方法

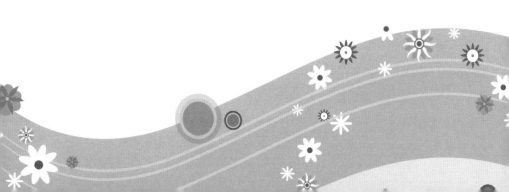

Ⅰ・了解自我、實現自我

我收到一封信。

是住在北卡羅萊那州的奧雷多夫人寄來的，內容如下：

「小時候，我非常神經質而且相當羞怯。身體胖嘟嘟地，雙頰豐滿，總之，看起來就是個十足的胖妞。母親是舊式的婦女，對服裝的品味有些迂腐。她的口頭禪是，『大的衣服可以穿，小的衣服容易破。』因此這就成了直到我改變之前的服裝準則。我從未參加過舞會，也沒有任何快樂的回憶。在學期間都沒有辦法和大家一起郊遊，甚至一起運動。我內向得簡直是有點病態。對於別人來說，我是『特別』的、討人厭煩的。

「長大後我和一位比自己稍長的男人結婚，但是情形並沒有多大改變。我先生的親戚，全是穩重而自信的人。而他更是無瑕的模範，但一直跟著標準模範走是行不通的。不管如何努力改變自己，想和他們一樣，對於我來說都是不可能的。他們越是想把我從自己藏身的殼中拉出來，我就躲得越深。我變得神經質、易怒、逃避朋友。就連玄關的鈴聲都變得恐怖起來。我注意到那些情形，而另一方面很擔心我先生是否察覺了。於是，我便在他人面前扭曲自己，去扮演著好像很快樂的另一個角色。心裡卻很明白那只是演戲而已，從那時起便一直是在充滿著悲慘的想法中度日。最後終於受不了那種鬱悶，覺得再活下去也是浪費生命，而想到要自殺。」

——是什麼改變了這位不幸婦女的一生呢？只不過是偶然的一席話！

「偶然的一席話，改變了我的人生。我的婆婆在談到如何教育自己的孩子時，說了以下的話：『不論在什麼場合都要把真實的自己表現出來！』……『要表現得像自己！』……這句話正是一個開端！在那一剎那間，我終於了解——造成今日不幸的原因，是我鑽進了一種自己無法適應的型態中。

「在那一夕之間，我脫胎換骨了，開始依自己的意志行動，研究自己的個性，努力發現自我，了解自己的優點；並學習根據顏色及體型，挑選適合自己的服裝；積極的交友，加入某些同好的圈子中。但是，當我的名字首次被刊在社團名單中時，我仍不免吃了一驚。然而，每次在大家面前談話，我就更增加一份自信。這是一段漫長的路，但是我現在享有的是以前想像不到的幸福感。在教育自己的孩子之際，也時常將自己從痛苦的經驗中所學到的教訓，教給他們聽，要他們不論在何種場合，都要勇敢地表現出真實的自己。」

若以吉魯博士的論調，所謂「表現自己」這個問題，是「隨著歷史而成為老問題，和人類生活軌道一樣長。」——而壓抑自我更是各種神經病症、精神異常、感情壓抑等等的潛在病因。

安傑若・帕多里發表了許多關於兒童教育的著作，若根據他的理論，「最悲慘的人，莫過於捨棄自己的肉體和精神，而想成為其他人或動物。」

這種意欲成為他人的憧憬，在好萊塢蔓延得格外厲害。好萊塢的名導演山姆・

伍德教導具有野心的年輕演員磨練自我，而他說這比任何事都困難。因為他們全想成為第二個拉娜・透娜及克拉克・蓋博。「大眾已經熟知其中的趣味了，這次他們期待的是另一種不同的品味。」伍德費盡唇舌不斷的想說服他們認清這個事實。

伍德在擔任〈契普斯老師再見〉、〈喪鐘為誰而鳴〉等影片導演前，有幾年是以不動產買賣為生的，對於推銷員的訣竅頗有心得。他斷言不論在商場或電影界，原理是相同的——模仿是行不通的——千萬不要變得像隻學舌的鸚鵡。

山姆・伍德說：「根據我以往的經驗，最好的做法是，儘早把虛有其表的人開除！」

保羅是石油公司的重要人事主管，我們聽聽他認為求職者所犯的最大錯誤是什麼？經過他面試的求職者約有六萬人之多，他並著有《獲得工作的六個方法》一書。他一針見血的指出——

「求職者所犯的最大錯誤就是抹殺了『自我』。他們應該放輕鬆，以坦率的態度面對事情，然而他們卻總是以迎合對方的方式來替代自己。」——但這是沒用的。因為任何人都不喜歡偽造品，如同沒有人想要偽鈔一般。

有一位市營電車司機的女兒凱絲，很辛苦地學到這個教訓。她一直夢想當歌星，但是容貌卻不夠亮麗——過大的嘴再加上暴牙。當她初次在紐澤西的奈多俱樂部眾多聽眾面前登台獻唱時，想要以上唇掩飾自己的牙齒，企圖一鳴驚人地「顛倒眾生」——結果呢？只是顯出她的滑稽可笑罷了。

但是在奈多俱樂部有位男士聽了她的歌聲後，發掘到她的才能，便毫不避諱的對她提出意見，他直接地說：「我看了妳的動作後，總覺得妳有意要掩飾些什麼。妳是為自己的牙齒感到羞恥吧！」少女表現出極不好意思的臉色，他則繼續說：「那是為什麼呢？暴牙並不特別糟啊！沒有掩飾的必要！大方的張開口唱吧，觀眾看到妳自然又自在的態度之後，可能會更喜歡妳。妳想要隱藏的牙齒，說不定會為妳帶來好運呢！」說完後，輕鬆地聳了聳肩。

凱絲聽了那人的忠告之後，開始不再在意自己的牙齒。而把注意力放在聽眾的身上，她張大嘴巴快樂而賣力地歌唱，因為受到觀眾肯定，自此便大紅特紅。現在甚至有喜劇演員模倣她的「特色」呢！

有名的心理學家威廉・詹姆斯曾說：「普通人只能發展其潛在能力的10％」，

那是就無法發揮自我的人說的。他寫道：「和我們原來該有的實力比起來，大約不到一半是在自覺的狀態。不論在肉體上或精神上，所利用到的都只是本身資源的極小部分而已。大體上說來，人類大多生活於這種自限之中——他雖擁有種種能力，卻總是沒有將它發揮出來的決心。」

包括我在內的每個人都有這種能力。因此，不要因為自己和他人不同而悲觀。你是這個世界上唯一的一個獨立的個體。自開天闢地以來，以至將來，絕不會出現和你完全相同的人。若根據新的遺傳科學，所謂「你」的存在，是接受了父親給予的二十四個染色體和母親所給予的二十四個染色體兩者結合而成的，此外別無其他東西。這四十八個染色體中，決定了你所承繼的資質。

在各個染色體中「有數十到數百個遺傳基因，有時候只要一個遺傳基因，就會使整個人的人生完全改變。」——薛朗・莫艾倫特有如上的說法。

的確，我們是「非常獨特」的產物！

你的雙親相遇而結婚之後，所謂的「你」被生下來的機率，其實只有三百萬億分之一。換言之，你有三百萬億之多的兄弟姊妹，每個都和你不一樣。這是推測的吧？不是的！這是科學上的事實。若想知道得更詳細，可以讀薛朗・莫艾倫所著的《遺傳密碼》一書。

關於「實現自我」這個問題，我確信自己可以談論，因為這正是我本身深切的感受。像那樣的言論我知道得很多，也自痛苦的經驗中學到不少。當年，我自密蘇里的玉米田初次來到紐約，進入「美國職業劇校」，志在成為演員。我先研究當代名伶約翰・道爾、渥爾達・哈姆汀、歐迪斯・史金納等人如何學習到本身的才藝，然後我想如果把他們每一個人的長處都模倣來的話，那不就會出現集眾名人的才藝於一身的「我」了嗎？然而這是多麼愚蠢的事，而且糊塗透頂。就這樣我這冬瓜似的腦袋，不知浪費了多少黃金年華去模倣他人，直到痛切的感覺到絕不可能變成別人之後，才算找回了自己。

有了這個慘痛的經驗之後，當然應該是學到了難以忘懷的教訓，但事實並非如此。看我多遲鈍！過了數年，當我構思一本關於業務員說話技巧的書，而且決心要使它成為空前名著時。我在執筆之際，便重蹈覆轍地犯了和演戲相同的愚行。我借用各個作家的觀念，將之集結成一冊——可以說是網羅了全部資料的一本書。那時我搜購了數十本有關說話技巧的書，並以一年的時間將書中的觀念整理成稿。

然而，不久我便再次發覺到自己的愚昧，我搜集他人思想而成的書，既不自然，又沒趣味，也無法使業務員對它有興趣。於是，我把一年來的作品丟入字紙簍裡，決心重寫。這次我告訴自己：「不論寫得好壞，充其量你也只能成為戴爾・卡耐基，你不能變成自己以外的人！

就這樣，決心不想成為他人「合成品」的我，努力奮起，開始按部就班的著手，就自己本身的經驗、觀察、以及在人前演說或教授說話術的自信篤定為基礎，寫成關於說話技巧的書。我所學到的足以當精神糧食的教訓，正和王爾德所說的。

這位大作家說：「我無法寫出可以與莎士比亞匹敵的長篇巨作，但卻可以寫出我自己的書。」

「把自我表現出來！」——這是阿爾溫格・巴林給已故喬治・卡爾遜的忠告。

當他們兩人初次見面時，巴林已享有盛名，而卡爾遜則是個在貧窮藝術家聚集處，為週薪35元的生活掙扎奔波的作曲家。巴林非常賞識卡爾遜的才能，他告訴卡爾遜如果他願成為他的音樂祕書的話，付他三倍的薪水都沒有關係。不過，巴林又說：「可是，你最好別接受這個工作，如果接受了，或許你最終也只能成為第二流的巴林，但如果你保持自我的話，終有一天會成為第一流的卡爾遜。」

卡爾遜把這個「忠告」緊緊地記在心裡，同時努力地使自己成為有自己特色的當代作曲家。

查理・卓別林、威爾・羅傑斯、梅莉・瑪格麗特、馬克波賴特・吉恩・渥特利、及其他無數有這種經驗的人，對他們來說，這些寶貴的教訓也都克服了，那些都不下於我所經歷的痛苦歷程。

查理・卓別林剛出任電影製作時，導演所委任的所有電影工作同仁，一致聯合反對卓別林，他們主張他應該模倣當時頗得人緣的德國喜劇演員。結果，查理・卓別林卻以他獨特的表演方式獲得影迷的推崇。鮑伯・霍伯也有同樣的經驗。他從事多年的歌舞劇表演，一直都沒沒無名，後來才開始他獨樹一格的「脫口秀」。而威爾・羅傑斯曾經只是沈默的鋼索操作者，因為他發現自己擁有幽默風趣的才華，於是他在操縱鋼索的同時開始搞笑，結果終以喜劇演員聞名。

瑪格麗特初次在電台演出時，裝成阿爾雷多系的喜劇演員，結果卻失敗。但她以真實的自己，也就是密蘇里的鄉下姑娘反而成為紐約最紅的電台明星。

當吉恩．渥特利努力的不發出德州腔，做出都市人的裝扮，並聲稱自己是在紐約出生的，大家都暗暗的笑他。但是當他抱著斑鳩，開始唱起牛仔的敘事詩後，成功之路就展開了，終於在影壇及電台成為世界第一個受歡迎的牛仔。

人生在世，應對自己負什麼責任呢？應該是使它充滿了歡欣。對上天賦予我們的，應善加利用。終究所有的藝術是富自我色彩的，你所吟誦的是自己的歌，你所描繪的一定是你自己的畫。你應該是你個人的經驗、環境、遺傳所結合而成的作品。不管好或壞都要在所謂人生的交響樂團中演奏你自己的小樂器。

愛默生在其隨筆〈獨立自主〉中說道：「不論任何人在接受教育的過程中，一定會經歷過『嫉妒是無知的，模倣是自殺行為！』的時期。不論那是多麼慘痛的教訓，都要當成是上天給我智慧的一種歷練，況且最富含營養的是在一畝容許耕作的土地上，投注自己的辛勞而初次獲得的穀物。人體內的潛能本來就是新奇的。知道自己能做什麼的人，除自己之外，別無他人，但也只有自己嘗試之後才會知道。」

——以上是愛默生的人生哲學。

把我們從煩惱中解放出來，培養平靜及自由的心，就要遵守以下的鐵則——

不要模倣他人，要發現自我，實現自我。

2・防止疲勞及煩惱的四個習慣

1・除了和目前問題有所相關的，其他的都要全部收起來

芝加哥、西北鐵路公司經理阿姆茲說：「有的人把各種書籍在桌上堆積如山，其實，如果把目前用不到的東西全部收起來的話，將更容易正確的處理事務。我稱此為高明的家事技巧，而這更是提高效率的第一步。」

在華盛頓國會圖書館的天井中，記載著詩人波普的一句話——

「秩序是自然的最高法則。」

秩序也應該是工作的第一法則。而實際上又如何呢？大部分商人的桌上散置的是已經好幾週不看的書籍。據紐奧良的某位報紙發行人說，他的祕書在清理一個桌

子時，發現了在兩年前丟失的打字機。

桌子上散置未寄出的回信、報告、備忘錄，一看，就會讓自己十分的混亂、緊張及煩惱，而深感無從著手。同時，一旦常常出現所謂「該處理的事太多了，所以沒有時間處理」的想法，不僅會帶來緊張及疲勞，甚至會使你得高血壓、心臟病、胃潰瘍等等。

賓西凡尼亞大學醫學院研究所教授，在全美醫學協會以『臟器疾病併發的機能性神經衰弱』為題的研究報告中，有所謂「應該調整患者的何種精神狀態」這一項，其中舉出了十一個要件。第一項如下「一定要做的觀念」，使你非要處理不可的事，隨時都浮現在眼前造成緊張感。

但是，整理桌子，下決心等的初步做法，真能夠防止高血壓和緊張感嗎？

有名的精神分析醫師威廉・薩多拉，他只花了一點功夫，就治療了一位精神衰弱的患者。那位男士是芝加哥某大公司的重要主管，當他到薩多拉博士的醫務所時，正為高度的神經緊張而煩惱。他也知道自己正在崩潰的邊緣，但卻沒有辦法辭掉工作，於是只好求助於醫生。

薩多拉博士如此敘述：「要和這位男士講話的同時，電話鈴響了，是醫院來的電話，我隨即在座位上解決了這件事，盡量當場處理事情是我工作的原則。解決完那件事後，隨即又來來了一通電話，因為是緊急的問題，也暫時用電話解決了。而第三次是我的同事打來的，是關於嚴重的患者，而來徵求我的意見。等事情辦完，我立刻回到客人那裡，正想向他道歉，但他的臉色已轉為開朗，和剛剛的神色簡直有天壤之別。」

「噢！沒有關係的，醫生！」這位男士向薩多拉博士說：「在這十分鐘之間，我想我已經知道自己的錯誤所在了。回到辦公室後，我會改變工作的習慣……不過，醫生，很抱歉！能否讓我看看你的抽屜？」

多拉打開桌子的抽屜。如果拿掉有關公事的東西，等於是空的。

「未處理的工作放在那裡呢？」患者問道。

「全部處理完了！」薩多拉博士答。

「尚未寄出的回信信函呢？」

「一封也沒有，我有隨時寄出回信的心理準備，都在當場口述之後，馬上交給祕書處理。」

六週後，這位重要主管在他的辦公室招待薩多拉博士，他已經改變了——連他的桌子也一樣。他打開桌子的抽屜，顯不出其中沒有任何未辦完的工作。

他說：「六週前，我擁有兩間辦公室三張桌子，塞滿了未處理的東西，也未嘗試去整理它。和你談話後，一回到這裡，便立即把所有殘留下來的報告書、老舊的書籍清理掉。現在的我只用一張桌子工作，由於事務都馬上處理，現在已完全不會有因累積未處理的工作而緊張、煩惱的情形。但是最大的驚奇是我完全恢復了，現在身體上也沒有任何不適了！」

曾任聯合國最高法院長官的查爾斯・艾文斯・休茲說：「人不會因過度疲勞而死，但會因為浪費及煩惱而死。」

因此，精力的浪費及為了工作沒有進展而煩惱，才是致命的原因。

2・按重要性處理事務

城市服務公司的創立者，亨利・L・多爾提曾說過，即使薪水提得再高，也有兩種買不到的能力！

這種極難得的能力：一、是思考力，二、是有條不紊的處事能力。

從一文不名到十二年後成為帕普索田特公司大老闆的查爾斯・拉庫曼，根據他的斷言，他的成功是發揮了亨利・L・多爾提所說的那兩種幾乎發現不到的才能。

查爾斯說：「不知何時開始，我在早上五點起床，因為清晨是較適合思考的，可以慎重的做一天的計畫，而且決定要處理的重要事務。」

美國最成功的保險外務員之一富蘭克林・貝爾，他計畫一天的事，絕不會等到早上五點。他在前一晚就決定了翌日該達成的保險金額，如果沒有達到目標的話，就把未達成的部分附加在隔天應達成的金額上。

從我長期的經驗得知，人未必能按照事務的重要性去處理。但是我也知道，計畫先處理最重要的事情，遠比漫無次序的行事要好得多。

如果喬治沒有堅守先處理最重要事情的原則，恐怕他就不能成為作家，說不定終其一生也只是個銀行職員。他的日課是每天必定寫作五頁，即使在他失意的九年之間，也一心一意的持續每天寫五頁，即使，在那九年間的所得，只有三十美元，平均一天不超過一分錢。

3．面對問題時要馬上解決，不要拖延

我班上的學生，已故的郝愛爾曾說了以下的事。在他任美國鋼鐵的董事時，董事會總是花很多的時間進行交涉、審議多數的議案，然而卻大部分都未解決而留置了下來，結果，各董事就不得不將許多報告書帶回家裡。

後來郝愛爾先生說服了各董事，一次只受理一個議案；且不容許延期或留置。無論在什麼情況下，都得迅速而正確地做決定，不把這個議案積到下個議案。實施結果效率極好，預定表被處理得有條不紊，行事日程表也很整齊美觀，再也不必將報告書帶回家挑燈夜戰了，從此便免於因未解決問題而煩惱。這不只適用於美國鋼

鐵的董事會，對我來說也是值得效法的處事規則。

4．學習組織化、委任化、管理化

許多實業家不知將職務交由他人處理，而獨力承擔一切。然而人生幾何？能親自成就的究竟有多少！若凡事事必躬親，必為煩瑣的細事所困，接著煩惱、不安、緊張、焦躁便緊跟著來。

我深知學習把責任付託給人的困難。也深知把權責委任給沒有經驗的人所引起的弊端。確實，交託責任是一件困難的事。但是，董事們如果想免除煩惱、緊張、疲勞，就必須確實實行。

做大事業的忙人，若沒有實行組織化及代理人、管理制度，在五十歲或六十歲出頭，大多會死於心臟病突發。不信的話，看看每天報紙的訃文吧！

3・疲勞的原因及其對策

有一件令人驚奇又深具意義的事。據說，只用腦力工作的人是不會疲勞的，這或許會被認為是無稽之談。數年前科學家們研究人類的頭腦能持續工作多久而不疲勞，令人驚訝的是，他們發現通過腦部的血液是活動的，全然不致令人感到疲累。據說，採自從事體力勞動者身上的血液中，充滿了疲勞的毒素及其生成物，但是從阿爾伯特・愛因斯坦的腦中取出的一滴血，雖然是在工作一天即將結束之時，也檢查不出任何疲勞的毒素。

若只使用腦力，即使在八小時或十二小時的活動後，仍然可以和最初一樣活力充沛地工作。大腦全然不知疲憊，那麼是什麼使人類疲勞的呢？

若根據精神分析醫師的斷言，大部分的疲勞是起因於精神性和情緒性的因素。英國有名的精神分析醫師哈德爾所著《力的心理學》一書中說道：「我們的疲勞大部分是起於精神性的原因，而純粹由身體引起的，則少之又少。」

美國最優秀的精神分析醫師之一布利路博士，對這點進一步的斷言說：「健康的體力勞動者的疲勞，有80％是心理或情緒方面的因素造成的。」

什麼樣的情緒因素使勞動者感到疲勞呢？歡樂嗎？滿足嗎？當然絕不是這些。而是無聊、怨恨、無力感、焦躁、不安、煩惱——這些情緒因素使得工作勞動者疲勞，進而容易感冒、生產力減低、因神經性頭痛而早退。

總之，我們是由於體內產生的精神緊張而疲勞的。

有家人壽保險公司所印製的關於疲勞的小冊子中，指出以下的事實：「因為過度勞動所導致的疲勞，大致上能由充分的睡眠或休息中消除……煩惱、緊張、感情的困擾是疲勞的三大原因。往往被認為是身體或精神勞動引起的疲勞，其實這三者才真的是罪魁禍首哩！不要忘記，緊張就是使肌肉處在勞動中，因此，首先要放鬆自己以儲備精力。」

——至此，先暫且撇開本書，請檢討一下你自己剛剛在看書時，是否正在皺眉呢？兩眼間是否有某種緊張感？在椅子上的腰是否慢慢的下滑？肩膀有沒有緊繃著？臉逐漸變僵？如果身體不像布製的舊娃娃般的柔軟的話，你就會在一瞬間產生神經性的緊張和肌肉的緊張。請想想您是否如此。

精神上的勞動為何會產生這種不必要的緊張呢？喬斯林說：「幾乎所有的人都相信，困難的工作不全力以赴就無法完成。」因此我們集中精神時，為了做出皺眉、聳肩等意味著賣力的動作，而把力量加諸到肌肉上，那對我們腦部的活動是徒勞無益的。

有件令人驚訝而可憐的真實情況，那就是——絕大多數的人，每天都像爛醉的水手一樣，毫無節制地揮霍著自己的精力。

對付這種神經性疲勞的對策是什麼呢？

休息、休息、休息——記住「邊工作、邊休息」的方法。

這是件簡單的事吧？不，要改變一生的習慣大概不太可能，但是值得去努力，因為說不定這是你一生中最重大的改革。

心理學家威廉・詹姆斯在以〈休養的福音〉為題的文章中有如下的敘述：「美

國人的過分緊張、心情浮動、呼吸困難、強烈又痛苦的表情……這些實際上是壞習慣，完全沒有任何意義。」

緊張是習慣，休息也是習慣，打破壞習慣即是培養好習慣。

要如何放鬆呢？是從心理開始或從神經開始？兩者都不是，不論如何，最重要的是使肌肉放鬆。

那麼，嘗試看看吧！怎麼做呢？先從眼睛開始。

讀完這一段後，輕輕地閉上眼睛，然後靜靜地對眼睛說：「休息！休息！不要緊張！停止皺眉頭！休息、休息……」

——一分鐘內不斷這樣告訴自己。

二、三秒後，眼睛的肌肉開始隨著那些話而不再緊繃了嗎？好像有人用手抹掉緊張的感覺嗎？或許令人難以置信，但是你已在這一分鐘內，領會到放鬆的所有關鍵及祕訣。關於下巴、臉上的肌肉、頸、肩膀、全身也同樣適合，但最重要的器官是眼睛。

芝加哥大學的傑普生博士甚至說，如果能夠使眼睛的肌肉完全放鬆，人就能忘掉所有的煩惱。為何去除眼神經的緊張如此重要？因為消耗全身精力四分之一的是眼睛。而視力正常的人被眼睛疲勞困擾的理由也在此，因為他們使眼睛緊張。

名小說家薇琪・鮑姆說她小時候自一位老人家處學到珍貴有用的教訓。她因為跌倒而傷及膝蓋和手腕，曾是古圓形劇場丑角的老人把她扶起來，拍掉泥土後說：「你會受傷，是因為不知道讓身體舒適的方法。總要使身體像舊的、皺巴巴的襪子那麼柔軟才好！老伯伯做給你看。」

老人就在她和其他孩子面前表演跌倒的樣子、翻筋斗、倒立等等，然後告訴孩子們：「想像把自己變成像皺巴巴的舊襪子，如果那樣的話，隨時都會很快樂的。」

你不論在何時何地都能放鬆，但並非刻意勉力的放鬆。舒適的狀態是要消除所有的緊張和壓力，使心情快樂、舒暢。首先是從放鬆眼睛和臉上的肌肉開始，反覆做「休息……休息……舒暢」的練習。如果那樣做的話，就會知道精力從臉部肌肉向身體內部流回去。

總之，像嬰兒一樣從緊張中釋放出來就對了。

首席女高音葛莉・卡姬也實行了相同的事情。據說赫蓮・傑普遜經常在開演前見到葛莉・卡姬在椅子上精疲力盡地彎著腰，下巴無力地鬆弛著。

以下為你介紹：在學習放鬆之際，四個有效的方法——

1・**任何時候都要放鬆**　保持著身體像舊襪子般的柔軟。我通常把一隻舊襪子放在桌上——就是為了不要忘記常常保持柔軟的狀態。若襪子不行的話，貓也可以。就好像抓起正在曬太陽的小貓一樣，前後的腳就像濕的報紙般鬆鬆的垂下來。據說印度的瑜珈大師學會的放鬆技術是從貓身上見習來的。至今我尚未看過疲倦的貓；得神經衰弱的貓；或失眠、煩惱、患胃潰瘍的貓。當你知道了像貓一樣的放鬆方法，一定可以避免這些不幸。

2・**盡量以輕鬆的姿勢工作**　不要忘記，身體緊張會引起肩膀緊繃、僵硬產生酸痛，以及神經疲勞的。

3・**隨時檢討自己**　一天之內要有四、五次檢討自己：「我在工作上有沒有浪費的辛勞？我沒有用到和工作無關的肌肉吧？」——以這樣的話問自己。這對於培養放鬆的習慣是一定有用的。迪威特・哈羅爾特・惠克博士說道：「學會心理學的人，兩個之中有一個是把它變成自己的習慣。」

4・睡前檢視自己　一天結束時再自問一次：「我是那一種疲倦呢？如果我疲勞的話，不是因為從事精神的工作，而是因為方法上的關係。」

喬斯林說：「我為了評量一天工作的成果，在一天工作結束時總要對自己的疲勞與否作一番檢討，當一天結束時，如果感到嚴重的疲倦，且神經也刺痛時，我就知道不論在質或量上，都是工作效果不彰的一天。」

如果美國的所有企業家都學到了相同教訓，那麼因高血壓而死亡的比率，在一夜之間就會銳減，而且也將使療養院、精神病院客滿為患的情形消失。

4・驅除疲勞及煩惱的因素

疲勞的主要原因之一是「倦怠」。

為了說明這一點，我們來看看愛麗絲的情形：有一晚，愛麗絲疲倦地下班回到家裡，她真的是筋疲力盡，頭痛、背也痠痛，她很想不吃晚飯就馬上去睡覺，但拗不過母親，於是食不知味地勉強吃了幾口。此時電話鈴響了，原來，是她的男朋友打來的，要請她去跳舞。她的眼睛因而閃閃發光，一瞬間便恢復了精神，興高采烈地跑上二樓換衣服赴約，那晚她一直跳到凌晨三點，但回家時一點都不覺得疲倦。事實上，她還整個晚上都興奮得睡不著覺呢！

到底愛麗絲在八點前是否真的很疲倦呢？她確實是疲倦的。她對自己的工作感到鬱悶無趣，對於人生或許還有些希望。像愛麗絲那樣的人不知有多少！說不定你便是其中之一。

產生倦怠感，與其說和體力的消耗有關；還不如說是和人類的心理狀態有密切的關係，這是眾所周知的事實。

數年前的巴馬克在其作品《心理學的記錄》中曾證實倦怠是造成疲勞的原因。他讓一群學生做他們沒興趣的事，學生們都說疲勞、想睡覺、頭痛、眼睛疲勞、且情緒急躁。其中甚至有人說胃不舒服。這些都是「假病」嗎？不是的！對這些學生進行新陳代謝調查的結果，了解到人只要感到倦怠時，人體的血壓及氧的消耗量就會降低，而一旦對工作感到有興趣及歡喜時就會馬上促進新陳代謝。

人類在做任何有興趣的事，就很少會疲倦的。像我最近到路易士湖畔渡假。在數天中，沿著克萊爾支流釣鱒魚、撥開高出身體丈餘的灌木叢、被樹木的根絆倒、從倒下的樹木底下鑽出來，但是即使持續八小時後也不覺得筋疲力盡。這是什麼原因呢？因為太興奮了。我沉浸在無比的成就感中，因為我釣了六條大鱒魚。假使我對釣魚感到無聊的話，那又會是什麼感覺呢?!一定像在海拔二千公尺的高地上激烈工作而疲勞不堪！

甚至像登山這麼激烈的活動，與其說是虐待身體而疲倦，倒不如說是提不起興趣、感到無聊所致。

明尼亞波里的銀行家金古曼先生證實了這個論點：一九四三年七月，加拿大政府為「普林斯、奧夫威爾游擊隊」做山岳訓練而要求加拿大登山協會為其邀集必要的嚮導。金古曼先生是被選出的嚮導之一。於是這一群42歲到49歲的嚮導率領年輕軍人渡過冰河。橫越冰原時要走鋼索，藉著小小的立足點要登上十二公尺的斷崖。就這樣，他們攀越數個有溪谷的山頂，這樣長達十五小時的登山後，原本活力充沛的年輕人們（剛經過六週特別訓練）也筋疲力盡了。

他們的疲勞，是因為特別訓練沒有預先鍛鍊肌肉而產生的嗎？經過特別訓練的年輕人一定會嘲笑這愚蠢的問題！他們是在「無聊」的登山之後感覺疲倦的。其中有不少人在極度的疲勞之後，連飯都沒吃就倒頭大睡。那麼那些比隊員年長二、三倍的嚮導們呢？他們也很疲倦，但並未到困頓不堪的程度。嚮導們不但吃晚飯，還節省好幾個小時的睡眠來討論關於當日的經驗。他們沒有動彈不得，是因為對登山興趣濃厚。

哥倫比亞大學的愛德華·宋達克博士做過疲勞的實驗，他試著讓數個青年不斷的維持著興趣，並約定一週的時間大家都不要睡覺。結果，博士做了以下的報告：「倦怠才是工作效率減退的原因。」

如果你是從事腦力工作者，與其說是因為「工作量」而疲勞，倒不如說是你自己處理不好工作而疲勞，想想上週的某一天，你有了妨礙工作進行的事情——沒有寄出回信、沒有遵守約定……等等各式各樣的問題。那一天便不論做什麼事都做不好，理不出一個頭緒，於是終於拖著身子回家了……抱著快要裂開的頭。

但是，隔天所有事情都很順利，以比前一天快三百倍的速度處理好所有的事，說不定當天你還帶著有如純白梔子花般清新的情緒回家呢！你應該有那種經驗吧！我也有呢！

應該學到的教訓是什麼呢？那便是——我們的疲勞不是因為工作而產生的——通常以煩惱、挫折、後悔的因素居多。

執筆本章時，我去觀賞傑樂姆・卡恩的音樂喜劇〈秀・波多〉的演出。安迪船長在他的劇中說：「能從事自己喜歡的工作是幸福的！」

我們所謂幸福的理由是，做的意願及樂趣不斷的湧現出來，而煩惱和疲勞卻很輕微。和嘮叨的妻子走一里路，其勞累的程度抵得上和情人散步十公里。

因此，如何做比較好呢？介紹一個上班族的實例：

在奧克拉荷馬的石油公司服務的小姐，她每個月做的是難以想像的單調工作——在印好的貸款契約書填入數字或統計。由於那個工作太無聊了，為了工作愉快，她決心把它改變成有趣味的工作。

要怎麼做呢？每天她做著和自己競爭的遊戲。她把早上自己做好的契約書數目數出來，下午則努力超過那個數字的工作量。結果她的工作成效輝煌，遠遠超出所有的同事。那麼她獲得了什麼嗎？讚賞？感謝？晉升？加薪？

不！不！不！重要的是她有效地防止了因為無聊而產生的疲勞，那是一種有效的精神刺激。所以努力把無聊的工作變成趣味盎然，結果，就能使得精力及熱誠加倍地湧現，同時也享受到比現在更多的閒情逸致。

我知道這是事實，因為——我是那位小姐的「另一半」。

接下來要說的是，一位對自己的工作抱著興趣而有所收穫的祕書，她對工作總是具有戰鬥精神。她親自寫來這樣的一封信：

「我的事務所裡有四位祕書，每個人負責四、五個人的信件口述。有時候我們手邊的工作一下子蜂擁而至，被那些事情搞得手忙腳亂。某日，一位副理有一封長信要重打，我拒絕了。然後說，這封信不必全部重打，只要修改就可以了。於是副理說，若你不願意的話可以找其他人做。我當時很不高興，但是在拿回來重新打字時，我忽然發覺有很多同事正虎視眈眈地想取代我的工作。而且因為有那份工作我才可以拿到薪水，一想到此，情緒就穩定下來了。

「一念之間，我決心要使自己成為能幹且快樂的祕書。於是我有一個大發現，當我真要享受工作快樂時，快樂竟也及時湧現。而一旦工作是一種樂趣之後，效率自然就會增進，因此現在也不需要在工作時間外加班了。由於我有新的心理準備，就朝此目標進前，終於獲得勤勞工作的好評。於是當經理需要一位專屬祕書時，他便選中了我，那是因為我即使加班也不會有不好的臉色。改變心態後才知道有這樣的結果，對我來說實在是很珍貴的發現，而且我也樂於享受這麼甜美的結果。」

高爾登小姐是根據漢斯教授的哲學而有這樣的奇蹟，他勸我們要追求「恰如其分」的幸福。如果能做到對你自己的工作有一份興趣，便能減輕你的疲勞、緊張及各種煩惱。

數年前，郝華特決意要使他的人生耳目一新，他決定要使單調的工作變成有趣味的事。他的工作極端無聊，當其他的男孩在打棒球、戲弄女孩子時，他卻窩在高中的餐廳洗盤子、擦櫃台、分送冰淇淋。郝華特輕視自己的工作，然而又不得不繼續工作，他便決心開發一種樂趣。他於是決定研究冰淇淋，如製造過程如何等等，結果他變成高中化學的博學之士。

接著，他又對營養化學感到興趣，便進入麻塞諸薩州州立大學就讀，專攻食品化學。當紐約的可可亞交易所，以獎金公開向全國學生徵求如何利用可可亞及巧克力的論文時，郝華特的文章因入選而獲得一百美元的獎金。

由於沒有找到適當的工作機會，他在麻塞諸薩州阿馬斯特住宅的地下室建立個人的研究所。不久之後新的法律被制定出來，規定牛奶要標示其中所含的細菌數，郝華特接受了當地十四家牛乳公司委託，為他們計算細菌的數目，並且需要有兩位助手。

二十五年後，他會有什麼樣的發展呢？現在從事營養化學工作的人到了那時不是退休，大概就是去世了吧！於是他們的地位，就會被目前熱情洋溢及富有創意的年輕人承繼。二十五年後，郝華特無疑的會成為領導者，而與他同年級，自他手裡買走冰淇淋的人，多數會失業、沮喪、謾罵政府、大嘆自己運氣不好，及上天不公平的話。而郝華特如果當初沒有決意要使無聊的工作變得有趣的話，好機會應該是不會從天上掉下來的。

很久以前，另一個年輕人厭煩了單調的工作——站在車床旁邊製造螺絲。他的名字叫山姆。山姆想辭掉工作，但是沒有找到另一個適當的工作，既然不得不做這個無聊的工作，便決心無論如何要使它變成有趣的事。於是他和自己旁邊的機械工競爭。一個是研磨粗糙的表面，另一個是把螺絲加上適當的直徑。他們隨著信號打開機械的開關，比賽誰加工最多。現場主任對於山姆迅速正確的工作效率很感動，便很快的把他調到較好的工作崗位。那是晉昇的開端。三十年後，山姆（即山姆艾爾・博克蘭）已是機車製造工廠的老闆。如果他沒有下決心要使無聊的工作變得有點生趣的話，他的一生，大概就只是一個機械工人罷了。

名電台新聞播報員卡爾，曾說一些關於如何使無聊工作成為有趣的話。他廿二歲時，在家畜運送船上給牛送飼料、餵牠們喝水，橫渡大西洋。在英國的自行車旅行後，他空著肚子，帶著囊空如洗的錢包到了巴黎。他把相機以五塊美元當掉後，找出「紐約、哈雷特」巴黎版的求職廣告欄，其中有立體幻燈機等的銷售工作。那種舊式的立體望遠鏡，可以看到奇蹟產生。二片立體望遠鏡的鏡片可以把兩個影像重疊成一個，而產生立體的效果，令人感覺就像看到實景一般。

卡爾沿街兜售一部部的機器，但是他不會說法語。即使如此，在第一年他也賺了五千美元，在推銷員中是所得最高的一個。據他說，當時總自覺本身具有某種成功的條件，如同具有在哈佛大學學習一年以上的實力。

由這個機器，使他對法國人的生活有深入的了解，這對他晚年從事歐洲的報導引介有意想不到的幫助。

既然不會說法語，又如何成為一流的銷售員呢？首先他拜託雇主，請他把所有銷售時需要的話寫下來，並把那些話背下來。當按下門鈴，有家庭主婦出現時，卡爾便用奇怪的發音，反覆說著記憶下來的句子。然後拿照片給對方看，當對方提出任何疑問時，他聳起肩膀說：「美國人……美國人。」

然後拿下帽子，指出貼在裡面，全部是法文的宣傳句子，家庭主婦不禁笑出來，他也跟著笑，然後再拿照片給她看，情形就是這樣……

卡爾回想在說這些話時，工作給他的感覺是絕對快樂的。

對他來講，要使工作有趣這個念頭是進行工作的唯一原動力。他每天早上出門前，都會看著鏡子裡的自己、自我激勵一番。

卡爾不這樣做的話就沒辦法生活了。既然不得不做，何不讓他成為一件愉快的事呢？所以按門鈴時他便想像自己是一個置身於舞台燈影中的演員，觀眾正目不轉睛地盯著自己。總之，你所從事的工作就和舞台上的戲劇一樣，無限的滑稽。為何不投注更多的熱情和興趣呢？

根據卡爾的話，每天都要用這樣的話來鼓勵自己，最初不喜歡的工作說不定幾時就變得喜歡了，何況又能因而獲得較高的利潤。

那些渴望成功的美國青年，希望能得到他的一些忠告，他說：「首先，每天早上打自己一巴掌，據說從半睡眠狀態變成清醒狀態，使身體活動起來是很重要的。既然那是必要的事情，何不每天早上使身體及頭腦清醒，並開始行動。」

每天早上以言語來勉勵自己，在別人眼中，或許看起來好像幼稚的小孩？事實上這才是一種健全的心理！

有些聰明人，在每天出門之前，會在鏡子面前說：

「今天是美好的一天，也是幸運的一天！」

「今天是順利的一天，也是快樂的一天！」

……

「我們的人生，是根據我們的思考來創造的。」——這句話和十八世紀前馬爾庫斯・阿雷文斯寫在《自省錄》上的一樣，即使在現代也還是顛撲不破的真理。

每一天內心的自我對話，能引導自己去考慮關於勇氣及幸福；還有權力及和睦，告訴自己應該感謝的事情，心中就會充滿喜悅以致於想放聲高歌。

根據這些正確的思想，能夠減少對某些工作的厭惡感。上司固然希望你對工作深感興趣，你不也期望收入增加嗎？且不管上司的希望如何，而你說不定因此為自己的人生贏得更多的幸福。

因為，你清醒的大半時間都花在工作上，如果你不能在工作中找到幸福，那麼你又要到那裡去尋求快樂呢？如果對工作有興趣，不但能自煩惱中解放出來，而且就長遠的眼光來看，也會帶來晉昇及加薪的機會。不過，即使沒有任何效果，也能把疲勞減至最低程度，而享受空閒的悠然自得。

5・你很富有嗎？

阿波是我的老朋友。他住在密蘇里州的韋伯城，曾擔任我旅行演講的經理。有一天，我們在堪薩斯城突然相遇，他送我到我在密蘇里州的農場。途中他對我提出如何排除煩惱的問題，那是一席令人感動、終生難忘的話——

「以前我是常會煩惱的人，但是一九三四年春天，有一天當我走在韋伯城的街道上，因為看到一個景象而使我的煩惱一掃而空。雖僅僅是十秒鐘之間的事，但是在那十秒之間我卻學到比過去十年間所學到的還多。我在韋伯城大約有二年的時間經營食品雜貨店，但積蓄很快就用完了，而且還背負了一身的債，於是我花了七年之久償還債務。在一週前關門大吉的我，正走向銀行，想要借款到堪薩斯求職。我的腳沉重得就像被打斷一樣，舉步艱難。就在這個時候，不期然地，街道前有個斷腳的男子進入我的視線。他在有輪的溜冰鞋上安裝一塊小木板，人就坐在上面；兩手握著木杖，勉力撐著在街道前進。在他橫過街道之後，為了上人行道，而把身體抬起五、六公分。當他把木板傾斜一個角度時，我們兩人的視線便接觸了，他邊微笑，邊向我打招呼：『早安，今天是個大晴天呢！』他的聲音很有生氣，我在注視著那位男子時，忽然領悟到自己是多麼地幸運。我有雙腳、能走路（驕縱自己是可恥的！）這位男子即使沒有雙腳仍然很幸福、快樂而自信，對有著健全雙腳的我來說，更不應該辦不到啊！我如此告訴自己。於是不知何時充滿了蓬勃的朝氣，本想向銀行借一百美元，但是此刻我決定要借二百美元。最初想告訴他們『我想去堪薩斯找工作』，但現在我能很有自信的說：『堪薩斯正有工作等著我』。結果我順利的借到了錢，也找到了工作。」

我至今還把以下的話貼在浴室裡，每天早上刮鬍子時讀一遍——

沮喪沒有鞋子時，

不妨想想——
失去雙足的人。

艾迪和同伴在救生艇上過了二十一天，在沒有任何援助的情況下，漂流在浩瀚的太平洋。我問他當時學到的最大教訓是什麼，他的回答是：「只要口渴時有新鮮的水，而飢餓時有能吃的食物，就沒有什麼好抱怨的了。」

《時代》雜誌曾刊載一位負傷軍官的故事。

他曾被砲彈碎片割破喉嚨，輸了七次血。他在和醫生用筆談時問道：「生命沒有危險吧？」醫生回答：「是的！」接著又一個問題：「以後可以講話嗎？」同樣是：「是的！」於是，他再一次提筆：「很好！這樣我就沒有什麼好擔心的了！」

各位也停下來，自問一下：「我到底為什麼而擔心？」
你應該可以理解，所謂的擔心，不論從那一方面來說都是徒勞無益的事。

豐富我們人生色彩的各種事物中，大約有90％是正確的，而10％是錯誤的。

追求幸福時，最好是把注意力集中在正確的90％上，而不要注意那10％的錯誤。如果你想要追求苦惱及悲哀，又想患胃潰瘍的話。那麼——最好是集中注意力於錯誤的10％，而無視於充滿榮耀的90％。

英國的克拉姆威爾派教會有許多地方都刻著——「想一想，然後感謝！」

這句話也應該銘刻於我們的心中——「想一想，然後感謝！」

想一想我們必須感謝的所有東西，我們應該感謝神所賜與的所有恩惠與利益！

《加利巴旅行記》作者喬納桑‧斯威弗特是英國文學史上最徹底的厭世主義者。他非常感嘆自己被生到這個世界，而在自己生日那天穿喪服絕食。但是他雖被絕望所抓住，卻仍不忘讚美應該是健康原動力的快樂及幸福。他說：「世界上最好的名醫是：飲食、寧靜以及愉快。」

想一想我們每天是多麼幸運地接受「快樂醫生」的免費服務，只要把注意力集中在我們自己所擁有的可靠財產——連阿里巴巴所有的寶物，也抵不上我自己所擁有的腳掌，你願意以十億元來換走雙眼嗎？你想用什麼來交換雙腳呢？計算一下你的財產吧！那樣你就該明白，即使是把洛克菲勒、福特、摩根三大財閥的所有金塊堆積起來，你也不想賣掉自己所擁有的東西。

但是，我們了解這些的真正價值嗎？遺憾的是，我們並不了解。

蕭伯納曾說：「我們幾乎毫不關心自己所擁有的東西，而總是想到那些所欠缺的東西。」——確實的，這種傾向更可以說是世上最大的悲劇，它所帶來的不幸，不亞於歷史上所有戰爭和疾病所帶來的悲哀。

因此，約翰．帕瑪變成「犯了世人的通病，整天只會嘮嘮叨叨的抱怨！」還差點糟蹋了自己的家庭和幸福。

我從他自己的口中得知其中真相——

帕瑪先生住在紐澤西州的帕德遜市。他說：「從軍隊回來後不久，我開始自己做生意。把精力花在日夜不斷的工作上，一切都很順利，但是困擾的事卻發生了——無法獲得零件和材料，我害怕無法繼續做生意。由於煩惱，使我也犯了世人的通病，像老人一樣喋喋不休地大發牢騷，變得憂鬱而易怒。當時我不自覺。由於我的異常，還使我差一點就失去幸福的家庭。幸好，有一天在我那裡工作的退役夥伴，如此告訴我：『強尼，你不覺得羞恥嗎？你一直認為世上只有你一個人很辛苦嗎？那麼，馬上把店關了如何？等景氣好一點之後，再重新開張吧！像你這樣還算是運氣好的呢，卻仍老是只會一味的抱怨。像我就很想和你交換地位！看看我，手只剩一隻，臉有一半被砲彈打壞了，我有嘮嘮叨叨嗎？不徹底拋開怨恨和不平的話，生意是不用說了，連健康、家庭、朋友也會全部喪失！』

「一聽完這些話，我好慚愧，我又恢復了生氣，感到自己是多麼的幸運。我當時決心要回復以前的我，接著便身體力行，果然終於成功了。」

我的朋友布萊克站在悲劇的緊要關頭發抖時，第一次學會了——不再煩惱自己欠缺的東西，而滿足於自己所擁有的。

我遇見布萊克是在很久以前，正好我們在哥倫比亞大學新聞系學習短篇的寫法。他九年前是住在亞利桑那州，正當體驗生命的短暫之時。他的話如下——

「我每天目不暇給的忙著，在亞利桑那大學學風琴，也在村子的『說話技巧』才藝教室擔任指導，並在寄宿的威羅爾牧場開音樂鑑賞班。同時也參加派對、跳舞，也曾騎馬夜遊。有一天早上我突然昏倒，因為心臟的關係，醫生說：『一年之內必須在床上絕對安靜地休養！』除此沒有任何能夠恢復元氣之類安慰的話。

「要在床上躺一年！說不定會死！我簡直陷入恐怖的慌亂中！為什麼會發生這種事？為何要受這樣的處罰？悲傷的淚水滾滾不斷，我雖然很想反抗，但也只有遵照醫生說的，在床上休養。住在附近的畫家魯道夫先生鼓勵我：『你大概會想這一年的床上生活是一種悲劇，但並非如此，因為你將有充裕的時間思考，能夠更進一步的認識自己，在精神的成長方面，自現在起的數月間，你對人生的體驗將比你至目前為止所獲得的還要多。』我稍微恢復了鎮定，自此有了新的價值觀，也開始讀那些做為精神糧食的書。

「有一天，我在收音機裡聽到，不知是誰說的：『人類表現的，是他所意識到的！』我覺得好像有很多次聽到類似的話，但是，此時才初次真正觸動心靈深處，並自此紮下根來。我要自己只思考賦與我生存樂趣的東西，也就是決心只考慮歡樂、幸福及健康。我做到每天早上醒來的同時就想到所有我應該感謝的事，而非痛苦之事；是可愛的女子之事；眼睛看得到、耳朵聽得見的事；自收音機流洩的美妙音樂；讀書的樂趣；好吃的東西；親友的事……我變得好快樂。因為探望的人很多，據說根據醫生的指示：探病的人在一定的時間內只容許一個人進入病房。

「之後，經過了九年，我一直過著像今天這般充實的生活。即使現在，我仍感謝那一年裡的病床生活。那更是我在亞利桑那度過最珍貴、幸福的一年。每天早上，數著自己受惠之處，這個習慣一直延續到現在，這是我珍貴的財產之一。一直到嚐到了接近死亡的恐怖才知道真正的生存意義，我覺得有點慚愧！」

很好啊！布萊克。你大概沒注意到，你所學到的教訓和二百年前薩莫艾爾・強森博士所學到的一樣。強森博士說：「凡事往好處看的習慣，比年所得一千鎊還有價值！」

請注意，這句話並不是出於樂天主義者之口，而是出於一個二十年中，體驗了不安、飢餓、穿著破爛，而終於成為最有名作家之一，同時被認為是古今第一座談

名家所說的話。

羅根・皮安諾・史密斯的名言，簡潔如下：「人生該達成的目標有二：第一是獲得自己想要的東西，第二是享受那些東西。」——在眾人之中，能實行第二點的只有賢者。

如果說即使在廚房洗盤子，也能變成快樂的體驗的話，大概是由於興趣吧！有興趣的話，可以看波基爾多・達爾的名著《我想看》。那必定給你無數的勇氣及感謝，這位作者過了五十年如同盲人的日子。

「我只有一隻眼睛，可是它也受了很嚴重的傷，只有從左邊眼角的小縫隙，才能看到東西，即使要看書，也必須把書拿得很近，並拉緊眼睛的肌肉，使眼球儘量靠近左邊。」

但是她討厭別人的同情，拒絕被「區分」。小時候，她喜歡和附近的孩子玩跳房子，但是卻看不見記號。於是在其他小孩子回家後，她便趴在地面上尋找那些記號，直到她把自己遊玩的每一個角落都清楚的記得為止。因此，即使賽跑，她也沒有輸過。在家唸書時，因為只能把大鉛字的書拿近自己的眼睛，睫毛因此常常碰到書本。後來她卻得到明尼蘇達大學的文學士及哥倫比亞大學的文學碩士兩個學位。

她在明尼蘇達州的一個叫捷因巴雷的荒村過著教書生活，最近變成奧加斯達．卡雷基的新聞學和文學教授，她在十三年間除了教書外，也在婦女俱樂部演講關於各種書籍及其作者，並在電台談話。

「在我心裡不斷地潛伏著是否會變成全盲的恐懼，我以一種樂於面對的態度去面對我的人生。」——她這樣寫著。

一九四三年，在她迎接五十二歲時，奇蹟竟發生了，在那有名的梅耶診療所的手術下，使她獲得四十倍於以前的視力。

以全新的喜悅之心迎接在她面前展開的世界，就連在廚房洗盤子都成為一件充滿快樂的事。她這樣寫著：「我開始玩附在木桶中的白色洗潔劑，把手伸到裡面，捧起小小的泡沫，可以看見在那上面閃耀著無數個小小的美麗彩虹，而從窗外，我察覺到在紛飛的大雪中，灰色的麻雀振翅飛去的生動姿態。」

看了洗潔劑的泡沫及振翅飛翔的麻雀而感動至此的她，在書的最後結語——

「神！」我小聲的說：「我們的天父，我感謝您！我感謝您！」

快感恩吧！

因為各位都看得見洗盤子時泡沫中的彩虹，以及在雪中振翅飛翔的麻雀。

我們應該對自己感到慚愧，因為我們住在美麗的國度裡，卻是有眼睛而看不到美麗，因為已經看膩了，便再也感覺不到美麗可愛。

要快樂，不要煩惱，就必須記住——

不要計算缺失多少，而要計算擁有多少。

6・盛名之累

一九二九年轟動全美教育界的事件爆發，使全國的學者蜂擁至芝加哥一探事件的真相。在那數年前，有位叫羅伯特・哈欽斯的貧苦學生畢業於艾爾大學，但是他以做雜工、砍伐木材的搬運工人、家庭教師、曬衣繩的推銷員等等來賺取生活費。

之後，才短短的八年，他竟成為美國排名第四的芝加哥大學的第五任校長，那年他才剛滿三十歲！年長的教育界大老們大搖其頭，喧囂的責難一時紛紛指向這個「神童」——他太年輕、沒經驗、教育觀偏頗等等，甚至報紙也是同樣論調。

就任典禮當天，一位朋友告訴羅伯特・哈欽斯的父親，他說：「我看了今天早上的社論之後，很憤慨他們攻擊你的兒子。」

「確實，他們攻擊得很厲害，但是，沒有人會踢一條已死的狗吧！」笑了笑，老哈欽斯如此回答。

確實如此，所以，狗如果越大，人們把牠踢飛就會有越大的滿足感。

英國的皇太子（後來的愛德華・溫莎公爵）年輕時已經知道這個事實。當時，皇太子是迪蒙梭的達特邁斯・卡雷基（相當於美國安納波利斯的海軍軍官學校）的學生，年方十四。有一天，一位海軍軍官發現他在哭，就詢問原因，起初沒有得到回答。最後，他回答說被候補學生用腳踢。於是校長召集所有候補學生，說明皇太子沒有任何怨言，只想知道為何只有他一個人受到這種對待。

此時傳來一陣不想說話的咳嗽聲及踏地板的聲音，最後那些候補學生說，以後當他們成為英國海軍的司令官及艦長時，就可以說一些像——「我以前曾經踢過國王呢……」之類壯大自己的「虛榮話」。

因此，要記得被踢、被責難時，往往是由於對方想以那些行為來滿足一下優越感。那每每意味著你在某方面的成就，足以引來他人的眼紅。

世間有很多人，以中傷教育程度比自己高或成功者以滿足自己野蠻的虛榮心。

例如，我執筆本章時，收到一位女性的來信，信中責難救世軍的創始者威廉・布斯先生。我曾在廣播中讚美布斯上將，但這位女士卻寫著布斯上將貪污了為救濟貧民而募集的八百萬美元。這個告發完全是無稽之談，而這位女士也沒有尋求真相，她只是從責難遠比自己偉大的人中獲得一種滿足感。我把這充滿惡意的信扔進垃圾桶中，並慶幸自己不是她的丈夫。她的信上並沒有關於布斯上將的任何一點真相，倒是清清楚楚的暴露了她自己的心胸狹隘。

霍華・艾爾曾說過一句很經典的話：「低俗的人，對於偉人的缺點或愚行，都會感到非常高興。」

應該沒有人會認為艾爾大學的校長是低俗的人。但是，原任校長迪摩西・德華特似乎對某位提名為美國總統候選人的大受責難而感到高興。

這位大學的校長甚至警告說：「如果他當選總統的話，我們的妻子、女兒就會變成賣春制度下的犧牲者，會受到很大的侮辱並使她們墮胎，優雅及道德盡失、人神共憤。」

這像是責問的演講嗎？我看到的是對傑弗遜的無理彈劾哩！獨立宣言的起草者，也該說是民主主義守護神的傑弗遜，難道應當受到這種傷害嗎?!

曾被誹謗為「偽善者」、「騙子」的美國人是誰呢？

根據報紙的漫畫，他被架上斷頭台，巨大的刀刃要將他的頭砍下，當他被帶回市區時，被群眾的叫罵聲所籠罩，這個人是誰？除了喬治・華盛頓外別無他人。

但是，那些都是以前的事了，文明的今日，人性應該比當時高尚吧！

再以皮爾利司令官為例，他是一九〇九年四月六日率領狗群到達北極而震驚世界的探險家。為了達成這個目標，幾世紀以來，勇敢的人和苦難及飢餓奮鬥，甚至失去生命。皮爾利本身也因為寒冷和飢餓而差一點喪生，腳上有八隻腳趾由於嚴重的凍傷而切斷，重重的困難使他差點發瘋。那倒還無妨，華盛頓的官員們竟敢說皮爾利是為了沽得盛名而如此做。而且他們更責難皮爾利以學術探險為名而為淘金之實，說他「在北極逍遙自在！」

他們或許真的如此相信。而如果他們真相信的話，叫他們不相信也是不可能的。他們要侮辱皮爾利及阻止其企圖的決心是很頑強的。幸虧總統直接命令，皮爾利才得以繼續極艱辛的北極探險。

皮爾利在擔任華盛頓海軍部的事務時，也受到了類似的責難嗎？並沒有，大概因為他並非令人嫉妒的重要人物吧！

格蘭特將軍則經歷了皮爾利司令官的痛苦經驗。一八六二年，格蘭特將軍獲得第一次壓倒性的戰爭勝利，使北方非常驚喜。僅僅半天獲得的勝利；使得格蘭特一夜之間成為舉國欽慕的英雄偶像，這光榮的大勝利引起遙遠的歐洲的迴響，自大西洋至密西西比河教會都鳴鐘慶祝，歡騰慶賀的火花正熾熱地燃燒著，然而北軍英雄的格蘭特在獲得此次大勝利未及六週即被逮捕，軍隊的指揮權也被奪去。他因屈辱及絕望竟而英雄淚下！

為何英雄人物格蘭特將軍在勝利的巔峰時分會被逮捕呢？因為他引起了傲慢的上司羨嫉的緣故。

當我們因為不當的責難而煩惱時、首要的原則是——

不要忘記，惡毒的責難，

往往是一種偽裝了的稱讚。

要知道，沒有人會踢那條已死的狗。

7・撐起傘、擋開責難之雨

我有一次和有「假眼睛」及「地獄的惡魔」之稱的巴多拉少將談話。他是一位神采奕奕，精神充沛的美國海軍司令官。

年輕時，他表現良好拚命要贏得人們的注目，希望給每一個人好印象。因此，一被批評，馬上就很敏感。他為此所苦，但是，長達卅年的海軍生活使他變成身經百戰的人。

「我再三的被侮辱、被責罵為懦夫、毒蛇、鼠輩等等。我被這些權威的小人說得一塌糊塗。大概是『假眼睛』把責難結束掉了吧！但是，大部分的人對於別人的嘲笑，壞話都太過在意了。數年前紐約〈太陽報〉的記者在我的宣傳集會上，想記下關於我及我的工作之諷刺性報導。憤怒嗎？我認為那是對個人的侮辱。我在對

〈太陽報〉的社長基爾・霍契斯的電話中，要求他把事實真相揭露在報紙上，我要那位執筆的記者對這事負起全責。

「我現在對於當時那樣的行為感到十分不好意思。讀者應該不會看那篇報導，即使看了的人也多半會認為那是一則無傷大雅的笑話，而且一定會在不到幾星期之間就被忘掉了。

「現在的我，知道一般的人對於他人的事是不會在意的，而且對於批評也能一笑置之。人類不論在早上、晚上、甚至在半夜十二點鐘，只會不斷地考慮自己的事，比起他人的死亡，自己輕微的頭痛不知要重要幾千倍呢！

「例如，被欺騙、被出賣、被當傻瓜、背上被刺了一刀，親友之中有人被賣為奴隸，若因此而陷入自怨自憐當中，真是最愚蠢的了。應該想想基督，他最信賴的十二門人之一，為了相當於現在只有十九美元的賄賂而背叛了他，而另一個也在他遇難時棄他而逃走，甚至還三次發誓他不認識基督。基督在遭遇這些情況之後，卻是心平氣和地原諒這些忘恩負義的人。」

說得明確一點，並不是主張無視於所有的批評，而是不要在意那些偏頗的責難。我曾經問愛蓮娜・羅斯福：「妳對於不適當的責難，有怎樣的心理準備？」住在白宮的女性中，沒有其他人比她擁有更多熱情的朋友及激進的敵人。

據說，她少女時期幾乎可說是病態的內向，而且害怕別人加諸的壞話。害怕受他人責難的她，有一天和她的嬸嬸談話：「嬸嬸，我想要做一些事，可是又擔心會被別人說閒話。」

她嬸嬸注視一下她的眼睛，說道：「親愛的，如果妳心中認為是正確的，就不要太在意別人的話。」

對露絲來說，這句忠告是她日後成為白宮女主人時的心靈支柱。她避免所有責難的方法是：「只要做自己心裡相信是正確的事就可以了，因為做了也會被說閒話，不做也會被說閒話；不論怎樣都無法避免批評。」——這是她的忠告。

已故的馬休任美國國際有限公司的經理時，我曾問他是否在意批評。

他說：「當然！年輕時非常在意。總想要讓全公司的職員認為我是完善的人。當我知道他們不如此認為時，自己很煩惱。我想討好那些對我最反感的人。但是，那反而導致其他人生氣。有一次當我要和某位男士妥協時，其他同事就不高興了。我終於了解到，越是要避免個人的責難而努力壓抑反感的話，敵人就越來越多。所以我告訴自己：『只要比他人優越，就無法避免責難，除了不在意之外別無他法。』這個想法發生了驚人的效果，自那時起，我一直有防衛的心理準備，然後撐起傘，避免被責難之雨淋傷。」

泰勒做得更徹底。他不但任非難之雨淋濕，還在公共場合展露出快樂的笑容，紐約交響樂團星期日下午的電台音樂會中，他在演奏的空隙聊天時，收到一封女性的來信，指責他是：「騙子、叛徒、毒蛇……」

在他的著作《關於人和音樂》中，泰勒這麼認為：「我想她大概不滿意我說的話！」在次週的廣播中，他把那封信朗讀出來，讓百萬名聽眾知道。於是四、五天後，那一位女性又來信了，信中說她的想法並沒有改變，他仍然是個「說謊者、背叛者、毒蛇……」對於責難能這樣坦然接受的人，我們不得不佩服。我們向他的冷靜、自信及幽默表示敬意。

查爾斯・休爾穆在對普林斯頓大學學生的演講中說，他至今所學到最大的教訓是一個德國人教給他的。這個德國人在休爾穆鋼鐵工廠工作時，曾和其他員工進行一場激辯。最後竟被激動的員工丟進河裡去。

休爾穆說：「他滿身泥水的出現在我的辦公室時，我問他，向那些把他丟進河裡的同事說了些什麼？他回答：『只是笑一笑而已！』」

休爾穆先生自此之後，據說以這位老德國人的話——「只是笑一笑！」為座右銘。這句銘言對受謗者有很好的療傷效用。我們可以對反擊的對手反駁，但是對於「只是笑一笑」的對手，你能拿他怎麼辦呢?!

林肯沒有因南北戰爭的勞心而倒下，一定是因為他領悟到，回答那些針對自己而來的責難是愚笨的。描寫他如何處理責難是寶貴的文學經典作品。麥克阿瑟將軍在戰爭中把那些描述貼於司令部的桌上。而溫斯頓・邱吉爾也在書房的牆壁上，掛著這種內容的匾額，以下便是這段話的內容——

「與其去反駁加諸於我的非難，不如關上辦公室，開始做其它的事。我做的是自己所知道最好的、最應盡心的事，並決心繼續把它完成。而如果最後的結果是好的話，那麼加諸我身上的責難便不是問題，如果最後的結果不好的話，即使有十六位天使為我辯護，也沒有任何用處。」

遭受指責時，想想第二個鐵則——

盡己之力，然後撐起傘，別讓責難之雨淋傷了。

第二部

感動他人的原則

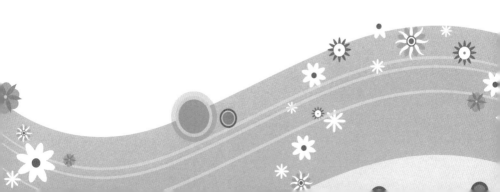

8・對壞人也要講五分道理

一九三一年五月七日，紐約市發生了前所未聞的大圍捕歹徒事件，凶手是凶惡的殺人犯、槍擊高手，但是既不喝酒也不抽煙——「雙槍手・克羅雷」在經過數週的搜查後終於被追得走投無路，而逃進西末街他的情婦的公寓中。

一百五十名的警方把犯人藏身的公寓五樓團團包圍起來，自屋頂灌入催淚彈，企圖把克羅雷逼出來。周圍建築物的屋頂上，也安裝了機關槍。於是，這幢紐約的高級住宅裡，一時之間充滿了機關槍及手槍的聲音，氣氛變得很緊張可怕。克羅雷躲在厚沙發後面向警察猛烈開槍，圍觀的人群將近一萬人。實際上這是紐約空前的警匪槍戰大場面。

克羅雷被逮捕時，根據警察局總監馬羅南宣稱，這位「雙槍手」是紐約犯罪史上少見的殺人犯，即使只是為了「芝麻大的事」，也會輕易的把人殺了。

而這位「雙槍手・克羅雷」對自己的看法如何呢？答案的有關線索被保留了下來，當警察向他的公寓開火時，這位男子寫了一封給「各關係人」的信，在寫那封信時，血仍不斷的淌下，信上被渲染成紅色的一段中，寫著——

「我的心——是顆疲憊的心，但卻是善良的心，不想去傷害任何一個人……」

在克羅雷事件之前的某一天，他把車停在長島郊外的路旁，和女友親熱擁抱。這時突然一位警察靠近汽車說：「駕駛執照讓我看一下。」

克羅雷一聲不響地拔出手槍，向對方開槍亂射。警察當場倒下，克羅雷仍不罷休，從車上跳下來，奪走對方的槍，再補上最致命的一發子彈。這個殺人魔竟然還自稱——「有一顆不想傷害任何人的心！」

當克羅雷坐上監獄執行死刑的電椅時，你大概以為他會這麼說：「到了這個地步，真是罪有應得，因為——殺了太多人。」

不！他並沒有這麼說，他說的竟是：「我是因為自衛，竟然受此處分！」

——這是克羅雷最後的一句話。

這句話的重點是，凶殘無比的克羅雷，至死仍不覺得自己是壞人。

有這種想法的罪犯，一定不少。

「我一輩子辛勤工作大半是為社會、為人群效力。然而，我所得到的卻只是社會無情的責難及通緝犯的烙印！」——如此感歎的是，震撼全美的黑街之王艾爾・卡邦。

即使是比卡邦更壞的人，也不承認自己是惡人，不僅如此，他們甚至還正經的認為自己是慈善家——而社會都把他的善行給誤解了。

即使是紐約最大的惡人達基・休斯也不例外。他在和強盜集團起衝突而送命之前，在某新聞記者會上自稱是社會的恩人——他自己實在是這樣想——然而他卻是令人髮指的大惡棍。

關於這個問題，我從星星監獄的獄長那裡聽到有趣的談話。一般說來受刑者中，幾乎沒有認為自己是惡人的。他們認為自己和一般的善良市民沒什麼不同，並堅決相信自己的行為是正確的。為何要打破金庫，或者扣板機，這些原因實際上是很明顯的，但罪犯總是對自己的惡行，加上一些好像說得通的道理，使那些行為變成是合理化的正當行為，並認為被關入監獄實際上是冤枉的。

如果連以上所舉出來的大壞蛋，都認為自己是正當的，那麼在你我周遭的一般人，到底又認為自己如何呢？

「三十年前，我領悟到斥責他人是很愚蠢的，連自己也不能如自己所願。所以無論如何也沒有餘暇，去為神有沒有公平的給予人類同等的智能而生氣。」

——這是美國偉大的實業家約翰・華納梅格說的。

華納梅格在年輕時就有了這個領悟，但遺憾的是，我年近四十好不容易才開始了解到，人類即使發覺自己和他人有任何差異，也絕對不想認為自己是不好的。

找別人的毛病是起不了任何作用的，對方總是馬上有所防禦，無論如何總要把自己說成是正當的、合理的。而自尊心受傷的對方，往往又會產生報復行為，這實在是很危險的一件事。

舉世聞名的心理學者伯爾赫斯・法雷德・史金納曾以動物的訓練，來比較做好事時予以褒獎以及做錯事予以懲罰的兩種情況。結果證實了前者訓練的效果較好。從後來的研究發現，同樣的事情也適用於人類。我們一味批評是無法期待好效果的，倒不如重視對方的情緒反應才是重要。

目前還單身的偉大心理學者漢斯・瑟利那這麼說：「我們渴望得到他人的讚賞，因此也同樣十分懼怕他人的責難。」

批評所喚起的怒氣只會減少部屬、家人、朋友的熱情，而受批評者的狀況，則往往是絲毫不見任何改善。

奧克拉荷州艾紐頓市的喬治・喬斯頓是某工廠的安全管理負責人，他要現場的作業員徹底執行戴安全帽的規則，只要一看到沒有戴安全帽的作業員時，馬上就會嚴厲的給予斥責，於是對方便會很不服氣的戴上安全帽，但是一旦他不注意時，就又會馬上脫下來。

於是喬斯頓就考慮別的方法——

「安全帽這東西，戴起來的感覺也許不太好吧！再加上尺寸如果不合的話，就會更受不了。他們的尺寸是否適合呢？」

「尺寸合適嗎？」首先這樣問，接著再說：「即使戴起來感覺不舒服，但為了安全，安全帽還是必須戴的。」於是，對方既不生氣，也不埋怨地遵守了規則。

責難他人是無益的，在歷史上也有很多例子。老羅斯福總統及其後繼者塔夫特總統之間的失和就是一例。因為這個緣故，兩人所領導的共和黨便分裂了，民主黨的威爾遜得以入主白宮，使美國參加第一次世界大戰，改變了歷史。

想當年一九〇八年，老羅斯福總統把他的位置讓給同是共和黨的塔夫特之後，自己便到非洲去獵獅子了。但不久後一回來，對塔夫特過分保守的做法深感不滿，於是老羅斯福為了確保第三任的總統，就組織了進步黨。結果，共和黨瀕於解體的危機，接下來的選舉，共和黨提名的總統候選人塔夫特只得到巴蒙多和猶他兩州的支持，共和黨因此遭到史無前例的慘敗。

老羅斯福責備塔夫特，受責備的塔夫特卻自認無辜——

「我不認為我的做法，有什麼不妥當！」

塔夫特眼中湧現氣憤的眼淚，這麼對人說。

至於要分辨是那一方錯了，老實說我也不知道，而且也沒有知道的必要。我想說的是，任憑老羅斯福再怎麼責備塔夫特，也不會使塔夫特承認自己錯了。結果只是拚命要使自己的行為合理化，使他反覆的說：「以我來說，除了那樣做之外，已別無他法了！」

接下來，舉目前的一個例子，看看「茶壺堡 Teapot Dome」油田的貪污事件。這是美國空前的大貪污案件，使國民的怒火燃燒數年仍未平熄。

阿爾巴特・霍爾是此貪污事件的中心人物。他是哈丁總統（美國第廿九任總統）旗下的內政部長，掌握著當時政府所有的「茶壺堡」和艾爾克・希爾油田租賃的實權。本來這個油田是保存給海軍用的，但霍爾沒經過投標就私下和他的朋友愛德華・德海尼締結契約，而將油田租借給他，使他賺取暴利，相對的德海尼另外以「租金」為名，將十萬美元融通給霍爾。而後這位內政部首長出動海軍士兵隊，將油田附近的其他業者驅逐，因為怕艾爾・克希爾的藏量受鄰近油田影響而減少，但是那些被刀槍趕走的同業不服，便聯合到法庭提出控訴，一億美元的貪污事件就這樣暴露於光天化日之下。此一醜陋事件，招致全國國民的激憤，不但使阿爾巴特・霍爾下獄，也連累哈丁總統下台，並摧毀了共和黨的聲望。

霍爾被處以現任官吏史無前例的重罪，那麼霍爾就會痛改前非了嗎？不！數年後胡佛總統在某次公開談話時，暗示哈丁總統的早死是因為被朋友背叛、精神苦惱所致。

而無意中聽到這個消息的霍爾夫人，竟激動地自椅子上跳起來，邊哭邊揮拳頭，大聲吼叫：「甚麼嘛！哈丁受霍爾背叛？莫名其妙！我的丈夫從未背叛人！即使有滿屋子的黃金，也不會使我丈夫去做壞事。我的丈夫才是受人背叛，受背叛又被殺的受害者哩！」

照這種情況來說，越壞的人越是對自己所為假裝不知，這是人類的劣根生。但這並不單指壞人而這，我們也都是一樣。因此如果不想責難他人的話，請想想艾爾・卡邦、克羅雷及霍爾夫人的話。

責難他人等於是朝天空吐唾沫，早晚會回到自己身上。質問他人的過錯，往往使人懷恨在心，轉而批判我們，否則至少也會得到塔夫特回答老羅斯福的那句話。「我不認為我的做法，有什麼不妥當！」

一八六五年四月十五日週末的早晨，在福特劇場被兇手布斯射倒的林肯，被安置在劇場正對面某家小客棧的床上等死。床太小了，林肯的長身子被斜斜地安置在上面。房間的牆壁上只掛著羅沙・波奴魯的名畫「馬市」的便宜複製品。微暗的瓦斯燈的黃色火焰在搖晃著，益增淒涼。

注視這痛苦情形的陸軍部長斯坦特，喃喃地說：「這世上恐怕再沒有這樣能掌握人性的完人了！」

能夠那麼巧妙的抓住人心的林肯，其祕訣何在呢？我以十年研究林肯的生涯，然後花了整整三年寫下一本名為《林肯軼事》的書，關於林肯成長的家庭生活也有徹底的研究，這個成果，我自負是他人所不及的，尤其是有關他的待人方法，更有獨到的心得。林肯對於責備他人是否有興趣？答案竟是肯定的。他年輕時住在印第安那州叫做皮喬・克利克・巴雷的鄉下村莊，不但喜歡挑別人的錯誤，並常寫一些嘲笑人的詩或信，故意將它丟在引人注目的路旁。那些信的其中之一，變成某人終生都對他反感的原因。

之後，林肯到伊利諾州的春田市當律師後，他還是將整人的書信公開在報紙上，但是由於做得太過分了，最後終於莫名其妙的閉上眼睛。

一八四二年秋天，林肯整一位叫做詹姆士・西爾斯的人，那是一位虛榮好鬥的政客。他寫了一封匿名的諷刺文章給〈春田報〉，登出來時，全城的人都傳為笑料。情緒化又自尊心強的西爾斯當然很生氣，當他一知道投書者時，便馬上快馬加鞭地趕到林肯的住處要求決鬥，林肯反對決鬥，但因不想道歉，就只好接受決鬥要求，武器則任憑林肯選擇。林肯因為手腕較長，選擇騎兵用的長劍，並請畢業於陸軍軍官學校的朋友教他用劍的方法。約定之日，兩人在密西西比河的沙州見面，準備拚個你死我活，就在這即將決鬥的緊要關頭，雙方的幫手進前阻止，一場死拚得以倖免。

這事件，雖然是遇事沈著的林肯也不禁提心弔膽。所幸的是他因此學到關於待人的無上教訓，以後便不再寫那些把人當傻瓜的信，停止了嘲笑別人，即使發生任何事也幾乎不再責備他人。

美國南北戰爭發生，波多馬克河地區的戰績並不理想，林肯不斷地更換司令官——馬克廉、波普、龐塞多、佛卡、密特已連續換了五個將軍，但是每個都出過大錯，戰況仍無改善。林肯失望地在白宮踱來踱去，半數的國民深深地指責這些無能的將軍，但是林肯卻告訴自己：「拋開怨恨，選擇愛。」因而沒有失去心中的平靜。「不要審判人——接受審判的人總是不情願的！」這句話是他所喜歡的座右銘。

林肯在妻子或親信大聲叱責南方人時，如此回答：

「不要批評，倘若我們處在那個環境下也會和他們一樣。」

若說世上有人有資格責難他人，那麼這個人就非林肯莫屬了。

請看看下面這個真實的故事——

一八六三年的七月一日起的三天，南北兩軍在蓋茨堡（賓州南部的都市）展開激烈的戰爭。四日的晚上，李將軍指揮下的南軍趁著豪雨當頭時開始撤退。

率著殘軍，李將軍退到波多馬克河時，河水因昨夜以來的豪雨而氾濫了，無論如何也無法渡過，而背後氣勢強勁的北軍正緊迫而來。南軍已陷入毫無退地的絕境，林肯高興於這個消滅南軍、結束戰爭的大好時機，滿懷期待的命令密特將軍免去軍事會議，乘機追擊。這個命令首先以電報傳達，接著派遣特使去傳達。

但是，密特將軍卻違背了林肯的命令，召開軍事會議，白白錯過大好時機，並以種種藉口拒絕攻擊。此時河水減退，李將軍已率領南軍安然退到對岸。

林肯火冒三丈——

「到底是怎麼一回事！」

他抓著兒子羅伯特吼道——

「混蛋！怎麼回事！敵人不是像袋中的老鼠嗎？我們只要稍微伸一下手就捕到了，我方的軍隊卻連一根手指也沒動。那種情況，即使再無能的將軍也能攻破南軍的，換成是我也是可以的，但是現在我還能說什麼！」

失望透了的林肯寫了一封信給密特將軍，此時的林肯提醒自己嚴加注意用詞要極端謹慎，因此，在一八六三年寫的信，我們不難想像林肯是在多麼生氣的情況下寫的——

密特將軍：

我相信你不曾注意到李將軍逃脫後的禍患有多嚴重！敵人本來在我們的掌握之中，只要善加利用這有利情勢追擊的話，便可一舉擊敗敵方，而順利地把戰爭結束。然而，放棄了這大好機會，戰爭的終結就完全無法預料了。以閣下來說，上星期攻擊李軍本是最安全的，現在，他已渡到對岸，要攻擊他是絕對不可能了。當日只要兵力的三分之二即可瓦解對方，現在是無法如此輕鬆了。我認為要期待閣下大有作為是很勉強的，事實上我並不敢期待。只因閣下放走了千載難逢的好機會，為此，我尚要吃無數的苦。

密特將軍看這封信後怎麼想呢？

實際上，他並沒有看到這封信，因為林肯沒有寄出去。

這封信是林肯死後在他的書籍之間被發現的。

這應該不出我的推測吧……大概林肯在寫完這封信之後，站了起來走到窗前向外望，他思忖道——

「等一下！說不定不要這麼急躁比較好，就這樣安然的坐在白宮中向密特將軍下達攻擊命令是何等容易，但如果我身在格迪茲巴庫戰線上，像密特將軍一樣在一週裡眼睛所看到的都是流血，耳朵所聽的就是受傷者的悲鳴及垂死時刺耳的呻吟聲，大概我也不願意再繼續攻擊了。如果我像密特一般性情柔弱的話，必定我也會和他有同樣的做法，何況事已至此，無可挽回。固然，寄出這封信可消除內心的憤恨，但密特將軍必然只是找種種藉口來自我辯護，且反而會恨我吧！一旦使他難堪，他將不再效忠，那麼以後軍隊的指揮官就毫無作用了，結局是使軍隊遠離而不再堅守崗位。」

因此，如我所想，林肯一定把這封信擱置一旁，因為他自過去的痛苦經驗中得知，嚴厲的責備或質問是起不了任何作用的。

老羅斯福總統在任期中，碰到任何難題，總是仰頭看著掛在辦公室牆壁上的林肯肖像，並自己問道：「如果是林肯，會如何處理這個問題呢？」

老羅斯福這種作法，也是我們應當借鏡的。

馬克．吐溫生氣時，有時會寫一些激動的信。例如，以下的信——

「你無論如何需要一張死亡證明書，……」

甚至，有時會給出版社的總編輯如下的信——

「收到我的原稿後，請轉告改變拼字、句讀等的校對者——以後要照原稿忠實的校正，把他自己的想法放在自己迂腐的腦子裡好好推敲，把它封住，避免露出惡臭……」

寫了這樣尖刻的信之後，馬克吐溫氣也消了。藉那些信的發洩之後，心情平靜下來，而且寫寫信也不會產生任何實質的害處——因為他的太太偷偷的把信藏起來，沒有寄出去。

想要改正別人缺點，確實是很高尚的想法，值得讚賞。但是為何不先改正自己的缺點呢？與其去矯正他人，不如先改正自己，將會有更大的收穫，危險也較少。如果以利己主義的立場來考慮的話，確實應該那樣做。

東方哲人的處世名言說：「各人自掃門前雪，莫管他人瓦上霜。」以及「不能正己，焉能正人。」這話值得我們深思。

我年輕時，曾急於讓人肯定我的存在，便寄了一封十分愚蠢的信，給美國名作家利迪亞・戴維斯。

我那時預備為某雜誌寫作家介紹，就直接詢問他的寫作方法。在此之前我收到某人的一封信，信末附著如下的句子——「文責在記錄者」（意思是：信由書記抄錄，本人未及重讀。）

這句子很令人喜歡，我認為來信的一定是非常忙碌的大人物。我一向不是繁忙的人，但是，為了設法讓戴維斯有強烈的印象，終於把這句話借用在信的結尾。

戴維斯沒有回音，而把我的信退回，原信空白處潦草地寫著：「無禮之前，也要先敷衍一下！」這樣的指責實在是咎由自取，怨不得人。但基於人類的劣根性，我對戴維斯不能不懷恨在心。直到十年後我在報上得知他死的消息時，我的恨意未消——我慚愧地承認，就因他那句話傷了我的感情。

想要令人終生懷恨的方法很簡單，只要你尖刻的批評他就可以了——不管合不合理，只要你說得出口。

與人相處，須記住並非所有的人都是非常理性的，而是有感情、有自尊而又愛好虛榮的動物。

嚴峻的批評使英國大文豪哈代發誓永遠不再寫小說，也逼得英國詩人德萊頓為了尊嚴憤而生活在困頓與疾病中。

年輕時拙於交際的富蘭克林在晚年時卻學會很好的外交技術，變得擅於應對，最後被任命為駐外大使，他成功的祕訣是——「不道人之短，專道人之長。」

批評他人、責難他人、或者發牢騷是任何傻瓜都會的——當然也只有傻瓜才會這麼做。理解和寬容必須有自制力和品德才能做到。

英國的思想家卡萊爾說：「偉人的偉大處，就表現在他對待常人的方法上。」

有名的飛行員、航空秀的名人波布・霍華，有一次完成薩吉耶哥的航空表演，在飛往羅薩傑路斯自己家裡的途中，在三百英呎的上空，兩邊的引擎忽然停止，他以巧妙的操縱技術在那種狀況下著陸，無人受傷，但是機身已受到嚴重的傷害。

緊急著陸後，霍華首先檢查燃料。果然不出所料，這架二次大戰的螺旋槳飛機內裝的不是汽油而是噴射機用的燃料。

回到機場的霍華，把擔任保養的人叫來，年輕的保養技師察覺到自己的錯誤時，因內心深深的自責，眼淚不斷流下，由於他的疏忽，不但弄壞了飛機，還差點使三個人的性命送掉，這麼嚴重的事怎能不令他震驚！

霍華的怒氣也是可想而知的。對於犯這種不可原諒的過錯，老資格的飛行員如果痛罵他也並不是什麼了不起的事。但是，霍華卻意外的沒有罵他，也沒有批評他，不僅如此，還把手放在保養技師的肩上，安慰他——

「你不會再犯這種錯，我確信。不信的話，明天，我那F—51的保養，還是委託你來做。」

你小時候如果不想發牢騷時——你一定會想：「我再也不發牢騷了。」可是事實上，真有可能這麼容易做到嗎？首先讀美國新聞事業的一篇叫做〈父親忘記了〉的文章。此文最初是在畢普路茲·荷姆日報發表的。但後來又經多家媒體刊物給予摘要轉載。

這篇〈父親忘記了〉是描寫被某瞬間的誠摯情感所感動的文章。它屢被引用，並造成熱烈而深遠的迴響，至今仍是膾炙人口，感人至深的文學佳構。

父親忘記了

立維克斯頓·萊奈德

孩子，聽著，你把粉頰靠在小手上，卷曲的金髮貼在額頭上，安穩的睡著。爸爸偷偷的來到你的房間。在此之前，爸爸一直是在書房看報紙，但是忽然間，陷於令人窒息的悔恨，在罪惡感的驅策下我便來到你的身邊。

爸爸檢討過了，因為到目前為止我一直對你非常苛刻——我責備你在準備去學校之時只用毛巾稍微擦一下臉、我訓誡你不要把鞋磨破以及大聲叫罵把東西丟在地上。

今天早上吃飯時，也發牢騷責備你糟蹋東西、狼吞虎嚥、把手肘靠在桌子上、麵包塗太多奶油等等，之後，你要出去玩，爸爸要去停車場，就一起出門。分開的時候，你邊揮手邊說：「爸，請慢走！」而爸爸卻皺著眉頭說：「挺胸！」

同樣的事情在傍晚時重複發生：看你跪在地上玩紙牌，長襪子的膝蓋部分破了，我竟當著朋友面前把你趕回家，使你沒面子：「襪子是很貴的，你如果自己賺錢買的話，就應該會小心！」——因為這是出自父親口裡的話，連自己都覺得很無情！

然後，晚上爸爸在書房看報紙時，你帶著悲傷的眼神，戰戰兢兢的走進房間裡，好像有點怕，我一抬起眼睛，你在門口猶豫不前。

「什麼事？」我這樣大聲叫喊時，你什麼也沒說的忽然跑到我的身旁，兩手圈住我的脖子親熱的親我。在你兩隻小小的手腕上，包含著神所賦予的高貴而且不論受到何種漠視也絕不會枯萎的愛。不久，你踩著巴塔巴塔的腳步聲，走向二樓的房間。

但是，孩子，就在那時候，爸爸突然被無可言喻的不安所衝擊，握在手中的報紙不自覺的掉下。爸爸被某種習慣所奴役——光會責備的習慣——對於還只不過是個孩子的你，爸爸正在做某種事——絕不是愛你所應有的行為。爸爸對年歲尚小的你，當成大人般過分的期望，而勉強你要去做這些事。

你十分善良、高尚、真實，仁慈的心地正如同自山巔擴展的曙光，當你撲向爸爸，做晚安的親吻時，爸爸清清楚楚地察覺到自己的錯失。現在我唯一在意的就是使你感到心裡不安與寂寞這件事，因此我用這樣跪著懇求原諒。

對爸爸來說，這是責備你的一種補償。在白天即使這樣對你表白，你也許也不會了解。但是從明天開始，我一定做個好父親，和你做朋友，一起歡喜悲傷，想抱怨的時候就咬住舌頭，而且要做到不忘記你是小孩子這件事。

我好像一直把你當成是一個獨立的個人，看著如此天真爛漫的睡臉時，彷彿你還是個嬰兒，昨天也還正在母親的懷抱，安詳地倚在肩膀上呢。想想，爸爸對你的要求的確不合理！

與其責難他人，為何不努力去了解對方呢？為何不好好考慮看看，是什麼原因導致對方做出那種事？——那是相當好的方法，而且也很有趣。因為，同情、寬容、好意會從中自然而然的產生。了解所有的真相就能寬容一切。

依據英國偉大的文學家多克達・強森的說法是——

「就連上帝要審判人，也要等他去世之後。」

我們是不是也應該等到那時？

所以，感動他人的原則是——

不要批評也不要責難，更不要抱怨。

9・滿足他人的「重要感」

感動人的祕訣只有一種，但我認為，注意到的人非常少。但是，感動人的祕訣只有一種，是絕對錯不了的。

重複一次，除此之外，沒有其他祕訣。

當然，用槍抵著人的胸口，強迫他交出手錶，是可以如願的；以解雇來威脅作業員，使之合作也是可以做到的——至少，用監視的眼睛及鞭子或威嚇的話驅策孩子使他遵守，也是辦得到的。但是這種粗糙的做法，常常會有不受歡迎的反應。

要打動人心，給對方想要的東西是唯一的方法。

人想要的是什麼呢？

根據二十世紀的偉大心理學大師佛洛依德的說法，人類所有的行動發自兩個動機——也就是：「本性的衝動」以及「做偉人的欲望」。

美國大哲學家兼教育家杜威博士也把同樣意思，以稍微不同的措詞發表出來。總之，人類最根深柢固的衝動是「想成為重要人物的欲望」這句話。「想成為重要人物的欲望」實際上是意味深長的句子。在本書我想詳細的思索一下這件事。

人類到底想要什麼呢？除了必要的基本欲望之外，沒有必要的需求，究竟還有多少呢？

一般人的欲望，大概就如以下所舉——

一、健康及長壽

二、食物

三、睡眠

四、金錢及金錢所可以換得的東西

五、來世的生命

六、性的滿足

七、子孫的繁榮

八、重要感

像這樣的需求大致上是不難獲得滿足的，但是有一個例外，這個需求和食物及睡眠的需求同樣的根深柢固，卻幾乎無法使之滿足，這便是第八項的「重要感」。即是佛洛依德所謂的「想變得偉大之欲望」和杜威的「想成為重要人物的欲望」。

林肯曾說過：「人人都喜歡受到稱讚。」優秀的心理學者威廉・詹姆斯說：「人類的性情中最強烈的是渴望受人認同的情緒。」在此詹姆斯不用希望、要求、期盼等含糊的詞句，而特意的用「渴望」這個字眼來強化及引人注意。

這才是深撼人心，燃燒人心的炙熱情緒。能夠適當的滿足他人的此種渴望是非常難的，但是一旦做到了，便能立刻擄獲人心。就算他死了，連葬儀社也會為他感到傷心！

對於重要感的需求，是人之異於禽獸的主要特性，這裡有個有趣的故事，這是我小時候尚在密蘇里州鄉下的事。父親飼養的名種豬和白頭的純種牛，在中西部各地的共進會展出，曾數度獲得第一名。父親把這許多榮譽的藍絲帶，用別針並排地別在一條白色的細布上，有客人來時，就拿出這條長平紋細布。父親拿著布的一端，另一端由我拿，把藍絲帶展現在客人面前。

豬對自己得到獎賞毫不關心，但是父親卻表現得非常關心。

總之，這些獎給予父親「重要感」。

如果我們的祖先沒有這種熾烈的「重要感」的需求，人類的文明大概還會在原地踏步吧！

使一位未受教育貧窮的食品店員發奮圖強，使他把以前用五十分美金買到的數本法律書從行李底下拿出來讀的，是對自己的重要感的需求。這位店員便是舉世聞名的林肯。

使英國小說家狄更斯寫出偉大小說；使十八世紀的英國名建築家薩・克里斯多福，留下不朽的傑作；還有使洛克菲勒擁有窮其一生也花不完的巨富……等等，全都是基於重要感的需求。有錢人建造住不了的大宅邸也是基於同樣的需求。

這種需求使你穿上最新潮的服飾、乘著自用的新車兜風、說些自傲的話。

把多數的少年引人歧途的也是因為這些需求，曾任紐約警察總監的馬羅南先生曾經如此說：

「最近的青少年罪犯，簡直是極端自我的人，被逮捕後，他們最初的要求是，讓他們看看將自己寫成英雄的報紙。看著自己的照片和運動明星、影視明星們、大名鼎鼎的政治家等等的照片一起亮相時，被迫坐電椅的恐懼便著實離他們遠去！」

使自己的重要感滿足的方法，因人而異。而根據這些方法，便可判定一個人的性格，多麼有意思！例如以洛克菲勒來說，滿足自己的重要感的方法是捐贈巨資，建造中國北京協和醫院，為他素昧平生的千萬中國人治病。但是名叫迪林克的男子，同是為了滿足一己的「重要感」，卻去當小偷、搶銀行，最後變成殺人犯，被人追捕。在逃進明尼蘇達的農家時，他還惟恐人家不識他「我是迪林克！」

他如此誇耀自己是凶惡的犯人——

「我沒有時間教訓你們，但我是迪林克！」

迪林克、洛克菲勒最重要的不同，便是滿足自我重要感的做法。

名人竭力滿足自己的「重要感」的有趣例子，歷史上不勝枚舉。甚至華盛頓也希望人家稱呼「偉大的合眾國大總統」。哥倫布也喜歡「海軍大提督兼印度總督」

的稱號。俄羅斯的凱薩琳女王拒讀信封上不寫「女皇陛下」的信件。林肯夫人在白宮官邸面對格蘭特將軍夫人時——「哎呀、怎麼，妳不知羞恥是不是，我都沒說請坐，妳就坐下了！」——竟如此氣勢洶洶地叫著。

一九二八年白德少將的南極探險，美國的百萬富翁們給予資金的援助，但是，那是附帶著冠上南極山脈援助者之名為條件的。還有，法國的大作家雨果，對於用自己的名字代替巴黎一事，懷著很大的期望。連那位偉大的莎士比亞也設法弄了一套武士的盔甲，為的是使他家門增光。

設法引起他人的同情及注意來滿足自己的重要感，卻因此躺上病床的也不乏其例。例如美國第25屆總統馬京利夫人。她為了滿足自己的重要感，而逼得丈夫荒廢重要的國事，在寢室裡陪她，安慰她直到她入睡。甚至在接受牙齒治療時也不讓丈夫離開身邊，但有一次總統另有要事，不得不出門，也只得將夫人留在牙科醫院裡，她便因此而大哭大鬧一場。

我曾聽說本是神采奕奕的年輕小姐，為了滿足自己的重要感而竟變成病人。這位小姐，某一天心裡覺得鬱悶不暢，大概因為適婚年齡已過，擺在前面的只是沒有希望的灰色歲月。於是，這位女士躺到病床上，之後的十年間，她年邁的母親，每次都要把食物端到三樓的寢室，無微不至的看護她。然而，老母終因日夜辛勤的看護而力竭倒下，就此與世長辭。病人悲傷地過了數週，竟打起精神，自床上站起，重新找回自己。

專家說，人在現實世界無法滿足自己的重要感時，便轉向瘋狂的世界去求得滿足，而因此真的招致精神異常的人也有。在美國的醫院，精神病患者的數目比其他病症的患者之總數還多。

——精神異常的原因到底是什麼呢？

像此種問題，任誰都會覺得難以回答。不像某些病，例如患梅毒等，我們就能確知其病因是腦細胞受毀而成瘋狂。事實上，精神病患者大約有半數是因為腦組織障礙、酒精、細菌、外傷等等身體上的因素所致，但令人吃驚的是，另外的半數患者的腦細胞卻全無毛病。這些患者的屍體一經解剖，即使最優良的顯微鏡檢查其腦細胞，也與常人無異。

腦組織沒有異常的人，為何會變成瘋子呢？

我曾向一流的精神病院院長詢問這件事。

這位院長被公認是精神病的最高權威，但是他說：

「老實說，那樣的人為何會精神異常，我也不知道！」——事實是，誰也不知道。然而，為了得到在現實世界中無法滿足的重要感而發瘋的人很多。

他還跟我說了這個故事：

「目前，在我手邊，有一位婚姻失敗的患者。她是女性，她因期盼愛情與性的滿足、孩子、社會地位等等而走入婚姻生活。但是，現實將她的希望打碎——先生不愛她，也不和她一起吃飯，而讓她把飯端到二樓她自己的房間去吃，也無法生孩子，地位也不令人滿意。於是她患了精神異常，在瘋狂的世界中，她和先生離婚，以舊姓自稱，現在她相信自己和英國的貴族結婚，非要人稱呼她史密斯侯爵不可。關於小孩子，她則確信每晚都在生產。每次我去診察，她都興奮地告訴我昨晚小寶寶出生了。」

承載她的夢之船每每都被現實的暗礁撞得粉碎，但是，現在她在所謂瘋狂而閃亮的空想世界裡，承載她夢想的船卻一帆風順的安抵一個個的港口。

這是悲劇吧?!我無法確定，那位醫生也如此說：「假設只要伸出手就能治好她的異常，我也不會那麼做。現在這樣子，對她來說是很幸福的。」

因過於渴望自己的重要感，而進到瘋狂的世界。幸好現實世界裡仍有人能體諒這種人並寬容他的幻想世界。

這麼說來，如果我們能在人們發瘋之前給予讚賞，使他在現實世界中即能滿足他的「重要感」，你我不等於是在創造奇蹟嗎？

在週薪五十七美元是相當高薪的時代，實業家史考伯年俸竟高達百萬美元。一九二一年當聯合鋼鐵公司剛設立時，卡內基就請這位年僅三十八歲的年輕人來擔任董事長的重職。

鋼鐵大王安德魯・卡內基先生為何要每年支付給這位名叫史考伯的先生百萬美元，也就是一天三千美元以上的薪水呢？因為史考伯是天才嗎？不對！那麼是因為他是製鋼鐵的最高權威嗎？沒那回事！依史考伯自稱，他所雇用的許多部屬對於鋼鐵的學識都遠比他豐富。

史考伯自己說，他能拿這高薪的主要理由是因為他會用人。問他如何用人，他教了以下的祕訣——這確實是金玉良言，可以刻在鋼板上掛在各家庭、學校、商店、辦公室的牆壁上，孩子們在死記拉丁語的動詞變化、巴西的年雨量等之餘，不妨也牢記這句話，如果活用這句話，對我們的人生會有很大的改觀——

「我有鼓舞人們熱誠的本領，這是我最值錢的寶貝。對於發掘他人的長處，誇讚及鼓勵是最好的方法。我相信，要使人工作，獎勵是必要的。因此，褒獎別人是很好的，而貶低別人則是大忌。如果，別人有值得讚美的地方，不要放在心裡，要不吝惜的把它說出來。」

這是史考伯的做法，而一般人又是如何呢？簡直是相反，一不順心就亂說一通，但順心時卻又什麼也不說。

「我至日前為止，與世界各國許多出色的人交往過。發現即使地位再高的人，與其被發牢騷而工作，不如被褒獎而工作要來得熱心，成果也較好。這是古今一致，尚未有例外。」——史考伯如此斷言。

實際上，史考伯說的這正是卡內基成功的關鍵。卡內基自己不論公私場合中，

都極力稱讚他人。他甚至把讚許別人的話帶到墓碑上。他自撰的墓誌銘寫著：「長眠在這裡的，是一個知道如何與比他更聰明的人相處的人。」

值得效法的，還有石油大王洛克菲勒的用人祕訣，其故事如下——

貝多霍特是他的合夥投資者，但有一次，這位男子在南美做了一次失敗的買賣，給公司帶來百萬美元的損失。如果是其他人大概就會為此大發牢騷了，但是洛克菲勒深知用人之法，他熟知貝氏的優點，並善加利用，使事情很快就改善了。

總之，他因為貝多霍特能回收到投資額的百分之六十這件事而不斷誇讚他：

「很好，只要能回收那些就是很大的功勞。」

齊格飛是使百老匯瘋狂的大演員，但他是以善於塑造女孩子的美麗形象而聲名大噪的。無論多麼不起眼的角色，只要經過他的設計，一站到舞台上，就會煥發出神祕魅力。他深知讚賞及信賴的力量，恆以親切和體諒，使女孩子們相信自己是美麗的。他不只是嘴上說說而已，在實際上，他把女合唱團員的薪水自每週三十美元提升到一百七十五美元。在首演的晚上不但致電給演出的明星們，還不斷的送給女合唱團員華貴的玫瑰花束祝賀。

有某些時候我因為好奇而嘗試絕食，曾有過六天六夜未吃任何東西的經驗，發覺絕食並不是什麼困難的事。比較起來，第六天反覺不像第二天那般餓。但假如六天沒有給家人或佣人食物的話，我們大概會有一種罪惡感吧。以此引伸，生理上我們有食欲的本能，精神上則有受稱讚的需求。但是不用說六天，就是六週，有時甚至六年，我們就那樣將他人的精神飢渴，丟在一旁置之不理。

在〈勝利的再會〉這齣名劇中飾演主角的名演員阿爾佛雷特・蘭多也說：「對我，最必須的營養物是——提高自己評價的話。」

我們給予孩子、朋友、或佣人肉體上的營養，但是對於他們精神上的營養卻很少補充。給予牛肉或馬鈴薯能很快增加體力，但是卻忘了給予仁慈的稱讚。仁慈的稱讚猶如美妙的音樂或絢麗的彩霞般——會一直留在記憶當中，成為心靈的糧食。

波爾・哈威以電台的播報員而聞名，但在名為〈將來的故事〉的節目中，曾說發自內心的讚賞改變人的一生。許多年前，位於迪特洛特某學校的女老師拜託一位名叫史迪夫・摩利斯的少年，找出在上課中逃走的實驗用老鼠。這位老師將那件事委託給史迪夫是因為她知道雖然他的眼睛不好，但是有天生俱來敏銳的耳朵。被認為有極佳的聽力對史迪夫來說，是生平第一次。根據史迪夫的話，實際上，當自己具有的能力被老師認同時，嶄新的人生便從此展開了。自那時以來，他運用與生俱來的超人聽力，終於以「史迪夫・王德爾」之名，成為一九七〇年代頂尖的熱門歌曲歌星及流行歌曲作者。

讀到這裡，也許會有讀者說：「什麼嘛！老套！廢話！阿諛！我也曾使過這一套，但沒用的——對於有智慧的人，根本起不了作用！」

當然，奉承話不是對每個人都行得通的。所謂的奉承是淺薄的、利己的、也缺少誠意，那麼應該是不能通用的，事實上也不通用。不過，在餓死邊緣的人則不論是草或蟲只要是手邊能抓得到的就想吃，一切都囫圇吞下去。這種對稱讚非常飢渴的也大有人在。

即使是英國的維多利亞女王也有喜歡奉承的傾向。當時的首相戴斯雷里對女王也不吝於讚美，這是他親自說的。他是大英帝國歷代的首相中，少見的千錘百鍊的社交天才。當然，對戴斯雷里有效的方法對我們而言未必能見效。運用不當的話，說不定還會帶來禍害呢！奉承是虛偽的東西，和偽幣一樣，一旦使用它，早晚會碰上麻煩的。

奉承及讚賞的話有何不同呢？答案很簡單：後者是真實的、前者是不真實的。後者是自心底發出來的、前者是自牙縫說出的。後者是無我的、前者是利己的。後者是討人喜歡的，前者是任何人都痛斥的。

我最近去拜訪墨西哥市的吉伯爾鐵匹克宮殿，那兒有奧波雷哥將軍的胸像。胸像的下面，刻著將軍的信條——

「敵人不足懼，要提防的是阿諛你的朋友。」

賣弄甜言蜜語——不！不！不！我絕對不會勸人賣弄甜言蜜語等等的。我所勸誘的是一種生活的新方法。再說一遍，我是勸導「新的生活方法」。

英國國王喬治五世在白金漢宮內的書房裡，昭示六條箴言，其中之一是：

「廉價的讚賞，不只是給予，同時也期待有所收獲。」

奉承是「廉價的讚賞」確實如此。關於奉承我還讀到如下詮釋：「所誇獎與人者，正是其心中的自我評價。」

——這真是一針見血的話呀！

美國思想家愛默生：「人類不論用任何言詞，都無法掩飾真正的心意。」——如此告誡我們。

如果說只用奉承的話就能萬事皆通，那麼人人都要使用奉承話，社會上不都是能感動人的名人了嗎？

人類除了問題發生或者沈迷於某些事之外，就是以自我為中心地活著。何不注意一下周遭，好好發掘他人的長處？了解他人長處是不須肉麻兮兮的，而不值錢的奉承話總叫人起了一身雞皮疙瘩。

努力去認同他人的真正價值在日常生活中是非常重要的心理準備。但最後會不知不覺地鬆懈了，小孩子自學校拿好成績回來，怠於誇讚他，最初的烤蛋糕、做小鳥的巢、給他鼓勵的話，也逐漸不做了。對小孩子來說，沒有什麼比雙親所表示的關心或讚賞的話更高興的事了。

今後，如果喜歡俱樂部餐廳所做的菜，請趕快向做菜的師傅傳達讚賞之意，對那些禮貌的售貨員，請傳達你對那些應對的感謝之意。

面對許多人講話的牧師或演講者，對於自己的話完全沒有反應時，就會使他們感到難以忍受的失望。並不只限於這些人，在公司、商店或工廠工作的人們、還有關於我們的親人、朋友也一樣，人類無例外的都有想接受他人肯定的強烈希望，千萬不要忘了這件事實。

表達出真誠的感謝話語——這是交朋友、感動他人的妙策。

康乃狄克州名叫帕蜜拉・達賴姆的女士，曾擔任勞務管理的工作，但是工友卻是粗心大意的男子。所以有些作業員故意在走廊上諷刺他打掃的方法不好，因此而使工作效率開始降低。

帕蜜拉拚命的為那男子打氣，當這位男子偶爾工作賣力且沉著時，她就在別的同事面前誇獎他，漸漸的他的工作做得越來越好，據說現在因不再敷衍工作，而受到每個人的好評及認同。這是個即使批評及嘲笑也起不了作用，卻因誇獎而使工作改善的例子。

傷害人的感情絕對無法改變人，且完全無益，自古即有明訓。我把它剪下，貼在每天要看的鏡子上——「這是條只能走一次的路。因此，有用的及能為他人做的事，現在就去做！免得拖延、遺忘。因為這條路不能走第二次！」

愛默生也如此說：「不論是怎樣的人，總會有某一點會比我優秀——就是說他也擁有我應該學習的地方。」

以愛默生而尚有此言，更何況我們凡俗之人！人心相同，若能設身處地的發掘他人的長處，並不忘誠心地誇獎他，那麼奉承之類的就變得完全沒有必要了。經常給予發自內心的真誠讚美吧！這樣一來，接受的一方便會將之深藏內心而終生不忘——即使付出的人忘了，接受者也會時時不忘而永遠珍惜。

因此，感動人的原則——

用真誠的讚美，來鼓舞他人。

10・置身於他人的立場

每年一到夏天，我就到緬因州去釣魚。就以我來說，我喜歡草莓和牛奶，可是我不明白魚為什麼喜歡蚯蚓。因此在釣魚時便考慮到這問題。我不能想我喜歡的，而要想牠們需要的，既是要釣魚，當然不是用草莓或牛奶為魚餌，而是要將蚯蚓放在魚鉤上，放到魚的面前引誘魚，「喂！來一條，怎麼樣？」

在引誘人的場合中，也要利用此「釣魚哲學」才好。

英國的首相邱吉爾深諳此道。第一次大戰中和他同時活躍的聯合國領導者如威爾遜、奧蘭多、克里門等人，戰後老早就被世人遺忘了，就只有他一人地位永固，仍然當政。問其祕訣，他答道：「釣魚的時候，必須放對了魚餌。」

自己的喜好要置於何處呢？將這當成問題，便同小孩子一般幼稚了。當然我們對自己喜歡的東西較有興趣，這大概會持續一輩子！但是，除了自己以外，別人不見得對那東西有興趣。任何人都和我們一樣，有一些自己的好惡。

因此，感動他人唯一的方法是，要掌握他人的喜好，並幫助他得到。否則的話，要感動人是沒希望的。例如，想使自己的兒子不抽菸的話，不可直接說是你不希望他抽，說教是不行的。如果他志在成為運動家，你就向他說明吸菸者無法加入棒球隊、也無法贏得百公尺賽跑……諸如此類——以他的立場來設想的話。

一旦掌握此法，則不論是小孩子、小牛、甚至是黑猩猩，你也能控制其行動。

有這樣的故事：愛默生和他的兒子要把小牛趕到牛棚，然而愛默生父子也犯了世人的通病——只想到的自己的希望。兒子在前面拉小牛，愛默生在後面推，小牛也和愛默生父子一樣只考慮到自己的希望——四隻腳還安定的站住不想動。看不過那種情形的愛爾蘭女傭就過來幫忙。她不會寫論文或小說，但至少在這種場合要比愛默生常識豐富。總之，她考慮到了小牛想要什麼。她將自己的手指讓小牛含在嘴裡，邊讓牠吸，邊輕鬆的將小牛引入牛棚裡。

人類的行為乃是出於某種欲望，捐贈一百美元給紅十字會的行為，也絕對不超出這個法則——因為想要救人、想要像神一般偉大與完美——「對貧窮的兄弟盡力，即是對另一家人盡力。」

如果覺得擁有一百美元比捐出去的快樂更重要的話，那麼這種人大概就不會去樂捐了，但有時也會基於某種心理而捐贈，例如覺得拒絕是不好意思的，或者因為希望你認捐的是會有恩於己的人。即使是這樣的捐贈，不也是基於某種欲望嗎？

美國的心理學者歐佛斯特教授的名作《人類行為論》有如下的話——

「人類的行動產生自內心的需求，因此，打動人最好的方法，首先是引起對方內心的強烈需求。不論在商場、家庭、學校，或者在政治上，想打動人的人，要好好的記住這件事，能如此做的人能成功的得到全世界的支持，做不到的人即使要獲得一個人的支持也沒辦法。」

鋼鐵大王安德魯・卡內基原來也是蘇格蘭出生的貧窮人，最初只能得到一小時二毛錢的薪水，但最後卻成樂捐的慈善家，據統計他給各方面的捐贈金額竟高達三億六千五百萬美元，他在年輕時即已領悟到，打動別人除了考慮到對方的希望之外，別無他法。他在學只有四年，但卻深知待人的方法。

還有這樣的一個故事：卡內基的嫂嫂因為擔心在耶魯大學的兩個兒子而生病

了，而她兩個兒子卻只想到自己，沒有寫一封信回家過，不論他們的母親寫出多少封信都沒有回音。

卡內基說他可以寫信給侄子們，一定能使他們即刻回信，為此他下了一百元的賭注——因為有人要打賭。

他寄信給侄子們，寫的盡是不著邊際的話，不過信末他特別附註要送他們各五元美金。但是，他故意不把支票附在信內。侄子們馬上便寄來感謝的信。

「叔叔：很感謝您的來信……」——後面的句子，任憑你想像了。

再舉一個勸誘人的例子：根據克利夫蘭的史坦・諾瓦克先生在講習會上的報告，某日黃昏，當他一回到家就看到么兒倒在床上哭喊，提姆在翌日就要入幼稚園，但是他撒嬌著不願意去。平日的史坦遇到這情形必會把提姆關進小孩的房間吼道：「為什麼不去幼稚園？你說！」然後不管提姆願不願意就把他送到幼稚園去。但是，以這種做法即使能使提姆進入幼稚園，大概也難以使他喜歡幼稚園吧！

這一次，史坦先坐在椅子上如此想著——

「如果我是提姆的話，進到幼稚園最快樂的是什麼事呢？」

史坦和太太兩個人，將幼稚園裡所做的有趣的事，例如，指畫（用手指蘸顏料灑在濕紙上畫出的畫）、唱歌、交上新朋友等等一一列表，然後作戰開始……

首先妻子和我，再加上長子，好像很快樂的在廚房的餐桌上開始作畫，最後提姆進到廚房，馬上表示說自己也要加入，「提姆不行！你還沒有在幼稚園學習指畫的方法，所以不會……」我們故意這麼說，然後，我以無法壓抑的興奮語調，例舉剛剛那張表上的項目，以簡潔的話，告訴他幼稚園的趣味，於是隔天早上，我以為自己是最早起的，到了起居室一看，提姆不正睡在椅子上嘛！

「你在這裡做什麼？」我好奇地問。「因為要上幼稚園不能遲到，所以在這裡等。」他如此回答。就這樣不必說教或威脅，就引起他「想到幼稚園」的情緒。

如果想說服人去做什麼的話，在開口之前，首先問問自己——

「怎麼做，才能引起對方想做的情緒呢？」

如此做的話，應該可以避免一些自私的廢話，同時也就可以達到目的地了。

我每季都會租用紐約某大旅館的大舞池（連續二十個晚上左右），作為講習會的演講場所。

某一季之初，我突然接到租借費用漲了將近以往三倍左右的通知，當時入場券已經對外開始預售（無法變更場所了）。

在我來說那樣的漲價當然使我掛心，但是若把我的感覺告訴飯店的人，卻起不了任何作用。飯店方面只考慮他們自己的事。於是兩天之後，我親自去見總經理，我跟他談：

「收到那張通知時，我有點吃驚，但是，並不怪您，如果我在你的立場，大概也會寫同樣的信，以飯店的總經理來說，當然致力於提高飯店的收益，否則，不免會遭董事不滿。但是，此次的漲價對於飯店究竟是有利或不利呢？我將它分別列出來看看好嗎？」

隨後我取出紙筆，在紙的中間向畫一條線，做「利益」及「損失」的分界線。我在「利益」欄裡寫上「舞廳自用」，便繼續說話：

「空著的大廳可以自由的租給舞會或集會用就產生利益，這確實是很大的利益，比起借給講習會使用，大概能收到更高的使用費。而且長達二十天的晚上佔用到大廳。這對飯店來說，一定是很大的損失。」

「那麼，現在來看看有關損失的問題，首先，應該自我這裡取得的收益，不但沒有增加，反而減少。豈只減少，是一分錢也拿不到——因為我沒辦法照你所說的增加支付使用費，因此，講習會就不得不在其他地方舉行。

再者，有一點對飯店不利的事。這個講習會聚集了許多知識分子，這對飯店不是很好的宣傳嗎？事實上，即使用五千美元在報紙打廣告，我不認為能齊集到這麼多的人至此參觀。所以轉移場地對飯店來說不是很大的損失嗎？」

將以上兩點「損失」填入該欄，把信紙拿給總經理，「寫在這裡的利與不利請好好權衡後，再告訴我最後的答案！」

隔天，我收到使用費只漲百分之五十的新通知。

關於這個問題，請注意！我並未說到一句為自己著想的話，始終只談關於對方的利益，並說要如何做才能使那些要求滿足。

若我順從一己的感情衝動，闖到總經理的房間去找他理論。

「你不是太過分了嗎？入場券已經印好了，也已經發售了，這些事你應該知道。三倍，太不合理了！誰會付呢？」

那樣做，會變成如何呢？互相激動得口沫橫飛，結果是——不說也知道，縱使我說服了對方，使他領悟到其錯誤，對方也不會承認，自尊心不允許吧！

汽車大王亨利・福特說到人際關係的微妙之處，「如果有所謂成功的祕訣的話，那就是了解他人的立場，同時顧及雙方的立場來看事情的能力。」

真該好好玩味的話，請好好記住，雖是非常簡單而易懂的道理，但大多數的人卻是無法做到。

這樣的例子到處都有，明天早上你到辦公室，注意那些外來的信，大部分的信都無視於這個原則，拿一個實例來說：把全國設有分公司的某大廣告公司的廣播部主任給各地廣播電台經理的信取來看看（括孤內是我的批評）——

敬啟者：

敝公司希望成為第一流的廣播代理！（誰管你公司的希望！我自己的問題都管不了了——房子押死了，寶貴的盆栽因為蟲害而在枯萎當中，股票暴跌，今天早上又誤了火車而遲到，昨天晚上道瓊家的舞會未受邀請，醫生說我高血壓啦，神經痛什麼的，而且，怎麼——焦躁地一到辦公室就是這封信，那受得了去聽紐約小子自私自利的牢騷！如果你不知道這封信給予對方什麼感覺的話，何不趕快收掉廣告業，去做洗潔劑不行嗎？）

敝公司的業績蒸蒸日上，在廣播同業中領袖群倫。（果然，說你的公司是大規模的，同業中第一的——哦，那又怎麼樣！即使你的公司比通用汽車公司及奇異公司合起來還大好幾倍，那也根本無關緊要！比起操心你公司的大小，我更掛心我自己公司的大小，只要有笨小鳥的一半神經的話，就會有這種了解。讓我聽你對公司的自誇，我有種被貶低的感覺！）

敝公司希望能將廣告分派於全部廣播節目中。（又是「你」的希望！混帳！要屈服於你的希望嗎？我的希望到底你要拿它怎麼辦！就那樣一句話都沒提到嗎?!）

關於這一點，就要拜託貴局的一週行事報表，根據代理業者的需要而構思的事項，也請鉅細靡遺的讓我們知道。

（無恥也要有個限度，信口開河！怎麼能強硬的要報表呢！）

有關貴局最近的狀況，能儘快回信的話，我認為對雙方都很方便。

（笨蛋，寄來這麼粗糙的複寫信，還要求儘快回信實在毫無道理。大概把這東西像秋天的葉子般撒到全國各地吧，所謂「儘快」是什麼嘛！我也和你一樣，忙得很！奇怪，你到底有什麼權利，下那麼偉大的命令呢。「對雙方都很方便」——信到了最後，似乎終於注意到了我的立場，但是對我方便的是什麼？我至此仍然不知道！）

××敬上

附上布雷克維爾日報的影印本，如蒙貴局採用將是榮幸之至！

（在附啟終於知道「對雙方都很方便」的意思了。為什麼沒有在開頭就寫呢？不過，即使一開始就寫，大概也不會有什麼大改變吧。大概寄這種愚蠢信的廣告業者，腦筋有點毛病吧。你需要的不是這邊的狀況報告，而是治愚蠢的藥。）

以廣告為業，應該是能引起人們購買慾的專家都會寫出這樣的信，其他行業的人所寫的信便可想而知了！這裡還有一封信。是運輸公司的配送課長寄給我講習會學員愛德華・瓦米勒先生的——

近來本站由於大部分的受理貨物都在近黃昏時蜂擁而至，常常使發送業務產生堆積。結果即使我們加班裝載，也會延誤送貨時間。貴公司十一月十日送來貨物五百一十件，即係午後四點二十分收到者。

以本站來說，為了避免此類事情所產生的不便，大膽的請貴公司多加協助，以後若有大量貨物，請提早送達，或儘量在上午將其中一部分送達。所請之事如蒙合作，將使貴公司貨物發貨的時間縮短，貨物也能當日發送出去。

××敬上

對於這封信，瓦米勒先生反應如下——

「這封信產生了反效果。它一開頭就寫自己的情況，但是，我們怎麼會對那些事有興趣！接下來便要求協助，簡直無視於我們會產生的不便。歸納起來只有在最後一段談到如果協助的話，對我方也有種種利益。因為這最重要的事反被忽視。別說是協助了，還引起我們的反感呢！」

試將此信改寫一下，不要只注意自己的情況，為何不像汽車大王一般「先了解他人的立場，能同時兼顧自己的立場來處理事情呢？」

如果修改如下，即使不是最好的，至少也比原來的略勝一籌吧！

敬啟者：

敝公司十四年來承蒙貴公司的愛護，在深表感謝的同時，正努力於做更迅速且有效率的服務，以報答貴公司的照顧。然而，在十一月十日黃昏送來的貨物，卻未能按您的期望如期裝運，深以為憾。因為其他公司的貨也在黃昏一起送達，以致擁塞而混亂，所以不得不讓貴公司等待貨車，而延誤運送時間。

這的確是令人遺憾！要避免此種事態，只有排除障礙。故而認為貴公司若能在早上將貨送來，貨物即能隨到隨裝載，也能即時運出，敝公司的裝載人員尚得以提早下班回家去享受貴公司所製造的美味通心粉呢？

當然，只要是貴公司的貨物，不論何時到達，敝公司一定儘快處理。

關於這一點，敬請放心。

因為知道您很忙，請不用費神回信。

××敬上

巴巴拉・安德遜夫人曾在紐約某家銀行上班，但由於兒子的健康因素而考慮搬到亞利桑那州的鳳凰城，她寄了如下的信，給鳳凰城的十二家銀行——

敬啟者：

以我任銀行職員十年的經驗，相信鴻圖大展的貴公司會有所關心，故而冒昧寄上這封信。

我現在是紐約班克斯・托拉斯特，堪帕尼分公司經理，至今對於敝公司的各種銀行業務已積許多年經驗，對於存款、信用租借、貸款、經營管理等等，已通盤了解。

敝人預定五月搬到鳳凰城，屆時，無論如何希望能為貴公司略盡棉薄之力。自四月三日起的一週將至貴地拜訪。若能有機會當面洽談的話，真是感到非常榮幸。

××敬上

這封安德遜夫人的應徵信給人的反應如何呢？十二家銀行中有十一家要求面試，她自其中選出一家。原因是──她並非敘述「自己的希望」而是自己對「對方」能有何種幫助。總之，是因為不以自己為重點，而是配合對方。

成千上萬的推銷員為生活成天在大街小巷揮汗奔走，結果都是失望加上筋疲力竭。為什麼呢？因為他們只考慮到自己需要的東西，而不想想我們特別需要的是什麼。他們不了解，如果我們想要東西就會自己出門去買。我們對於解決自己的問題，無論何時都很關心。因此，如銷售員所賣的東西被證明對我們有用的話，我們就會買，硬推銷是沒有必要的，所謂的客人是為喜歡而買，而厭棄被人強迫性質的推銷。

雖是如此，但大多數的推銷員並不知道，有個很好的例子，我居住在紐約郊外，有一天急急趕往停車場的途中，遇到一位從事多年不動產的經紀人，故而詢問他，所住的屋子是使用何種建材，他回答說不知道，只是建議我不妨到庭園協會打聽看看，這種辦法誰不知道，次日收到他的來信，您也許以為是答覆我的問題，事實都不然。他本可以用一分鐘的工夫替我打電話問清楚的事，卻不肯幫忙，仍是要我自己打電話詢問那協會，末後卻要我把房屋保險的事委託給他。

這位男士，對於有助於我之類的事並無興趣，他真正感興趣的是有助於他的事情。這種人你會願意和他交往嗎？

「常常置身於對方的立場，自對方的立場來考慮事情。」——只要能學到這一點的話，就已經踏出成功的第一步了。

所謂推銷是要互惠的，為對方設想的人、絕不是順利的掌握對方，使之做出有利於我們而有損於對方的事。如果不是雙方都得利的話，就是假話。如前面所載，寄給瓦米勒先生的信也是——寫信者及收信者雙方因為實行信上所寫之事就能得到利益。還有安德遜夫人的情況也是——銀行獲得有能力的職員，夫人也如願的獲得新的工作。

再舉一個實例，硯殼牌石油公司的推銷員，羅得島的邁克決心要在自己負責的區域中，達到業績第一的目標。但是有某加油站的業績沒有增加，為此他的銷售也難以推展。那個加油站是一位上了年紀的男人經營的，但他簡直無心在做，不能好好的清掃環境，也是石油售量下降的原因之一。

邁克費盡了口舌勸他清掃乾淨一點，他也完全不接受。於是，不知如何是好地帶著這位經營者一起到新的加油站去見習。

看過新加油站的經營後，老男人好像頗受感動的樣子，不久後邁克去拜訪他時，不只是加油站乾淨得令人耳目一新，連銷售量也大大增加，邁克因此才能在其負責的區域中得到第一的業績，說教、議論都是無效的，只要讓他看到了最新式的加油站，就引發出他強烈的自我要求，結果也使邁克達成了目的，兩者同時都得到利益。

即使在大學中搞困難的拉丁語或微積分的人，關於自己心理的功能，簡直完全不了解的也很多。

以前我曾到空調機器的大製造商公司去講授「說話術」的課。聽講者全是大學畢業的新進人員。聽講者中有一人勸導同伴去打籃球，他面對大家，如此說——

「希望大家來打籃球，我很喜歡籃球，有好幾次出門到體育館去，但總因為人數湊不齊而無法比賽，所以兩三個人只好投投籃，過過癮，結果還把我的右眼打了個黑圈，明天晚上請諸位一定要來，我實在想打籃球，沒辦法！」

因為他沒有說任何吸引對方想打籃球的事，湊不成球隊的體育館，又有誰想去?!任他再怎麼想打，那樣的事不是我們所關心的。刻意地出門打球，不要眼睛也被打個黑圈回來才好！

難道沒有其他更好的說法？何不換一種方式來說說籃球對你的好處——會有精神啦、食欲旺盛啦、頭腦清楚啦、有趣等等，這些才是你真正想要的。

在此有必要重複史多利特教授的話：

「首先設法激起別人的急切渴望，能做到的人，便可得到萬人的支持，否則便只有到處碰壁。」

作者訓練班裡有一個學生擔心他的小男孩。這個孩子非常瘦，且又不肯好好吃東西，正如同天下一般的父母，他和妻子都只是溫和地哄他——

「媽媽希望寶寶把這個吃了哦！」
「爸爸希望寶寶長成體格很棒的人哦！」
如果說，這個小孩子會把雙親大人的願望聽進去的話，那才是不可思議呢！
要將一個三十歲父親的想法灌輸給三歲小孩，這種事是不合理的，這是稍有常識的人都知道的，但那當父親的，做到最後才看清這一點，所以他開始思量：「到底那個孩子最希望的是什麼呢？怎麼做才能使那孩子的希望及我的希望一致呢？」
能想到這層，事情就簡單了。小孩子最喜歡有三輪車，好騎在家門前的路上遊玩。但是，隔壁有一個難以對付的「小壞蛋」，時常把他推開，搶去三輪車，以一副「是我的」的神氣，騎著打轉。一被搶走，小孩子就哇地大哭起來，回到母親那裡告狀。媽媽飛快的出去幫他奪回三輪車。像這樣的事情，幾乎每天都在重演。
這孩子最希望的是什麼呢？他的優越感加上他的自尊心以及憤怒——凡此種種爭論中的強烈情緒，使他決心在某個時候好好地修理那個「小壞蛋」。
「只要媽媽說的任何東西都吃的話，不久，寶寶就會比那個孩子強壯哦！」
父親的這番話，馬上解決了偏食的問題。

解決了偏食的問題，父親還要傷另外一種腦筋：這孩子有尿床的習慣。他一向和祖母一起睡，但是一到早上，祖母就會罵道：「強尼，你又尿床了！」小孩子不但頑固地否認，甚至反駁祖母：「我沒尿，是妳尿的！」好說歹說，連哄帶騙，都無法使他改善。

小孩子期望什麼呢？第一，不是像祖母穿的那種睡袍，而是像爸爸一樣的睡褲及睡衣。這是容易辦到的。其次，他想要的東西是自己專用的床，對這一點祖母也沒有異議。

於是，媽媽帶著強尼到某家百貨店，笑著向女店員說：

「我們這位年輕人要自己來買些東西。」

媽媽邊向女店員使眼色，邊說著，女店員也會意了，鄭重的打招呼：

「歡迎光臨，你需要什麼東西嗎？年輕人。」

由於女店員的應對而激起強尼的自尊心，他很得意地回答：

「我想要買自己用的床！」

受到小男孩母親授意的女店員，引導他去看一張較便宜的床，並說服了他，使他高興地買了下來。

隔天，床被送達家裡，黃昏時，爸爸一回到家，強尼氣勢十足的跑到玄關。

「爸爸，快點到二樓去，看看我自己買的床！」

爸爸一邊打量著床，慷慨地讓他沐浴在誇讚的言辭中：

「你的床不會弄濕吧！」

聽爸爸這麼說，他馬上急切地說：「啊，不！不會了。」

事實上，他也真的從此不再尿床了，因為自尊心被激發了，而且這是自己的床，是自己所選購的床，和大人一樣穿著睡褲、睡衣，儼然是個大人，行為上也就模倣著大人。班上另有一位電話工程師，為他三歲的女兒而頭痛，威脅和哄騙完全無效。他在想該怎麼做才能使女兒想吃早餐。

這孩子喜歡模倣母親。一模倣母親，就會覺得自己好像真的變成大人。因此某天早上做母親的故意讓這孩子做早餐的工作，就在她學料理時，選擇好適當時機的父親，偷偷進到廚房裡，她高興的叫道：「爸爸，看，我正在做早餐哩！」

那天早上不待人勸，她吃掉了兩盤麥片粥。因為對所謂的早餐有興趣。她的優越感得到滿足了，覺得做早餐是一種表現自我的途徑。

「自我表現是人類的重要需求品！」威廉・詹姆斯如是說，我們何不把同樣的心理應用到工作上去呢！

當我們有了好點子時，不要使別人想到這是我們的，何不牽引著他去調理出這意念呢？一旦他為自己的傑作喝采時，高興之餘，還會多想幾個好點子！

記著：「首先要引起對方急切的慾望，做得到的人可以獲得全世界的支持，做不到的人便只有處處碰壁。」

所以，打動人的原則——

激起他人強烈的需求。

II・獻出真心

何以看本書，是為了尋求如何獲得朋友的方法？那麼，何不去向世上最諳交友之道的人學習？他是誰？說不定明天你上街就可以碰到「他」。當你走近「他」七尺之距時，「他」便開始搖動尾巴。你若是停下來撫摸「他」，「他」便要高興得跳起來和你表示無比的親熱。而你知道在「他」那熱情的背後，絕無別的動機，「他」不是要賣給你一塊地皮，更不是為了和你結婚。你曾否想過狗是唯一不需為生活而工作的動物？母雞須下蛋、母牛須給奶；金絲雀也須有好歌喉，而狗的存在，只為了把純潔的愛奉獻給你。

我五歲的時候，父親以五毛錢買來一隻黃毛小狗。那隻小狗的存在對當時的我而言，是無可取代的歡欣及光明。每天下午一到四點半左右，小狗一定會坐在前院，漂亮的眼睛一直盯著田間小路，而當牠聽到我的聲音或看到我拎著飯盒穿過矮林時，牠就會箭一般地飛奔上小山迎我，狂喜得又叫又跳。

之後的五年間，小狗提比是我唯一的知心好友。但是，某個晚上，在眼前不到十呎之處，提比死了，是被雷打中的。提比的死，在我幼小的心靈中烙下終生難忘的悲傷。

提比並未讀過心理學的書籍，而且也無此必要。與其想刻意的贏取對方的心，倒不如純粹地給予對方關心。若為真正了解別人而努力，只要花費短短的兩個小時，即可獲得無數的友誼。如此，比起為了使別人了解自己，費了兩年時間苦鬥奮戰，而獲得的友誼，還要超出許多。換言之，要獲得友誼的最佳途徑是：先做對方的朋友。

儘管如此，仍有人終生犯錯——設法使別人對他們發生興趣。他們不了解，別人同自己一樣，只關心一己的興趣——日日月月、歲歲年年。

紐約電話公司對於什麼樣的話最常被使用，做了詳細的研究。果如所料，被使用最多的是「我」這個字。五百通電話中被使用了三千九百九十次——「我」、「我」、「我」……喔……「我」……

當你在看一張有你在內的團體照時，你首先找的是「誰」的臉孔呢？認為自己被他人關心的人，請回答以下的問題——

「如果，你在今晚去世，會有多少人參加葬禮？」

如果你不先關心對方的話，憑什麼你要對方先來關心你呢？只想令人佩服而引起其關心，絕對無法交到許多真正的朋友。真正的朋友不能以那種做法而獲得。

拿破崙這樣試過了。當他和妻子約瑟芬分別前，他如此說：

「親愛的約瑟芬哪，我是世界上最幸運的人。現在我能真正信任的，只有妳一個人了。」

歷史學家說，對他來說連那位約瑟芬是不是能信賴，還是很大的疑問！

維也納的名心理學家阿德勒，在其著作《人生之意義》如此說：

「不關心他人之人，一定會步上苦難的人生，對於他人也會造成傷害。人類所有的失敗都是由那些人造成的。」

心理學的書籍固然很多，卻難以碰到如此意味深長的話。這些話值得我們一再的玩味。

我曾在紐約大學聽過短篇小說技巧的課，當時的講師是一家雜誌的總編。他說，從堆積在桌上的許多稿子中，隨意抽出一篇來看，只要看過二、三節就能馬上知道那位作者是否喜愛人們。

「如果」作者不喜歡人，那麼世上的人也不會喜歡那人的作品。

這位資深的總編在講課中，曾兩次中斷主題如此說：

「恐怕要說教了，但是現在我卻想講一句本是牧師該講的話——如果各位想當成功的小說家，心中千萬記住，關心他人是必要的。

如果真是這樣的話，那麼在面對——應對人的情況中（指人際關係），豈不是更要加倍地去關心他人！

薩斯頓是有名的魔術家，我曾在後臺訪問他。他是世上公認的魔術師之王，四十年來在世界各地巡迴表演，讓人產生幻覺、感到驚喜、令人屏息。六千萬以上的觀眾為他心甘情願地掏腰包，他得到二百萬美元的鉅額收入。

我向他請教成功的祕訣。很明顯的，學校教育與他的成功沒有任何關係，因為他少年時就離開家，變成搭貨車、睡乾草、沿街乞討的流浪者。他經常從車門裡望著沿路的廣告招牌學習識字。

他有高人一等的魔術知識嗎？他說有關魔術的書汗牛充棟，和他一樣了解魔術的人也大有人在，但是，他有他人所無法模倣的兩樣東西：第一，是吸引觀眾的人格特質。他是藝人中第一個識得人情之微妙的人。身體的動作、說話、臉上的表情等等、以至任何細微之處，都事先投下了很大的功夫去預先演練，以求一秒不差的準確。再者，薩斯頓對於人類有真誠的關心。據他說大部分的魔術師站到舞台面對觀眾，似乎就會在心裡偷笑——「哦！來看的人都是愚蠢的，要騙這些人太簡單了！」

但是薩斯頓完全不一樣，他站在舞台時總是這麼想——「感謝來觀賞的觀眾們，託你們的福，使我才能過得無憂無慮，請觀賞我最盡心的表演！」

薩斯站立在舞台上時，必定在心中不斷高呼「我愛你們！」——讀者也許認為這很愚蠢或很滑稽，「隨你怎麼想都沒關係，我只是將世界第一的魔術師所用的祕方如實公開而已。」

賓西凡尼亞州北威廉的喬治・載克由於當地完成了新的高速公路，經營了三十年的加油站就要撤離，他便趁此機會賦閒。但是每天都遊手好閒也是很無聊的，他就取出舊鋼琴，開始消遣地彈起來，並開始周遊臨近的地方、聽演奏、和鋼琴名手們交往。喬治對於那些名手們的經歷及喜好表示了真誠的關心，時常詢問種種事情。結果同好的朋友日益增多，他甚至參加正式競賽，最後在東部被稱為「金吉爾郡彈鋼琴的喬治先生」而成為有名的鄉村音樂家。

現年七十二歲的他，仍然每天充分地享受著他餘生的一分一秒。喬治由於不斷的給予他人深切的關心，而在一般「我的人生結束了」的灰色退休時期中，使人生綻出全新的花朵。

老羅斯福的人緣好也是由於這個緣故。連他的佣人們都深愛他，其中的黑人佣人詹姆斯・艾默斯寫了一本《佣人眼裡的英雄——羅斯福》。

在那本書中，有如下感人故事：

有一天，我的妻子問總統，鶴鶉是什麼樣的鳥？因為她沒見過，於是總統便對她詳加解釋。過後不久，我們家的電話響了起來。（艾默斯夫婦住在總統蠔灣住宅內的一所小房子裡）妻子接聽電話，原來是總統親自來電，為了告訴她，此刻她的窗外剛好飛來一隻鵪鶉，只要自窗子偷偷往外看就可以看見了。他刻意的打電話來就為了這樣的小事情，然而這正可以顯示出總統人格的偉大。總統在經過我們的小屋旁邊時，不論是否看得到我們，一定會「啊，老大哥！啊，詹姆斯……」投過來這些親切的話。

佣人們對於這種主人能不喜歡嗎？不只是佣人，任何人又怎能不喜歡他呢！

有一天，老羅斯福到白宮去拜訪塔夫特總統，正巧沒能遇上，老羅斯福對這些昔日的舊僕，都能一一喊著名字，親切的招呼。這是他對下人真心喜愛的證明。

在廚房看到女佣愛蓮娜絲時，老羅斯福問她：

「還是一樣烤玉米麵包嗎？」

「是的，不過只有我們佣人要吃的時候才偶爾會烤。二樓的人誰都不吃。」

老羅斯福一聽，便不平地大聲說：「不懂美味的人啊！等我見到總統時，我必定要這樣跟他說。」

愛蓮娜絲高興地拿出放在盤子裡的玉米麵包給他，他接過來塞了滿嘴，邊吃邊走向辦公室，途中一見到花匠，僕役或雜工，就仍是一本其親切地叫著每一個人的名字，向他們問好。

佣人們至今還是津津樂道當年的動人情節。特別是名叫艾克・華瓦的男人，憶及往事便眼中浮現歡欣的淚光：「這是數年來我最快樂的一天，即使有人拿出再多的錢，我也不願跟他換。」

類似的例子不勝枚舉。有一個推銷員由於能對小人物表示關懷，以致保住了重要的客戶。他自述其故事——

「很久以前，我是嬌生公司的推銷員，負責麻塞諸塞州，和新格姆小鎮上的藥房有交易，每次到這家店都會先向喝茶的店員們招呼，聊一會兒之後，再去和店主商談。有一天店主忽然說：『你的公司對我們這類的小藥房根本不放在眼裡，只致力於和大的食品店及廉價的商店做買賣。這種公司的東西我拒絕。請回去吧！』他態度堅決，我只好垂頭喪氣地撤退，在鎮上轉了好幾個小時，最後打起精神，決心再向店主尋求解決之道。

「再度進到店裡，就如平常般向店員們一一招呼後朝店主走過去。意外的是店主居然滿臉堆笑的迎著我，且訂購了兩倍於平常的貨。我好奇地問：『剛剛來拜訪時，還叫我別再來，到底是為什麼？』店主指著年輕的店員說：『由於那位先生的話而使我改變主意。他說有好幾個推銷員來，但是會向店員打招呼的只有你，因此只有你才有資格和本店往來。』這種關係便一直持續下來。此後我深信對他人深切的關心才是推銷員——不，不只是推銷員，任何人都該有的態度。」

根據我的經驗，若能打從心底去關懷人，別人必報以更多的關心，甚至不惜花費寶貴的時間來協助你，隨便舉個例子吧——

多年前我在布魯克林市藝術科學館講解小說寫作法。我們希望請當時名作家諾里士、賀士德、塔拜爾、突恩、恒士等人來班上講些他們的寫作方法與經驗。於是我們寄信給這些作家們，表示我們喜歡他們的作品，欽慕之餘，希望能學習他們的寫作方法及成功的祕訣。

每封信由全班一百五十位學生親自署名。我們又說由於知道他們很忙，怕沒空準備演講，便預擬一篇問題表隨函附上，請他們填上自己的答案後寄還我們。這種設想周到，關懷備至的邀請，誰不會掏心掏肺，千里迢迢地趕來相助呢！

那實在是一次成功的邀請。用同樣的方法，我也曾邀得老羅斯福總統任內的蕭財長、塔夫特總統任內的大法官魏克沙穆、現在的羅斯福總統及其他很多名人，來我的班上向學生們講話。

所有的人，不管他是國王、是屠夫，都喜歡那讚美自己的人。

德皇威廉在第一次世界大戰被打敗後，他大概是世界上最被人厭棄的大戰禍首。數百萬人恨他入骨，想把他分屍，就是用火燒成灰也是無法消恨。在這激憤的狂焰中，有一位少年寄了一封真情流露的讚美信給威廉：「不論別人怎麼想，我永遠敬愛我的威廉皇帝……」

這封信令他深受感動，並回信告訴他，想跟他見一面。少年被母親帶來，後來威廉竟與那位母親結婚了。這位少年沒有必要看此書，他的天性就懂得「打動人的方法」。

如果想交朋友，讓我們先為人盡力——為人貢獻自己的時間及勞力，不自私地竭盡智慧。當溫沙公爵是皇太子時，計畫到南美旅行。他認為如果到外國旅行就要以該國的語言談話，於是公爵在出發前的好幾個月間努力學習西班牙語，為能直接和南美諸國的人溝通。果然，他到了南美時，特別受那地方人士的熱情歡迎。

多年來，我一直想辦法知道朋友的生日。本來我對占星術之類是壓根兒不相信的，但是一見了朋友，首先我會問對方是否認為，人的生辰和性格及氣質有關係，接著問對方的生日。假設對方回答十一月二十四日，我就在心中反覆記誦，一回到家便把它登錄在「生日簿」上。每年年初在新的桌曆上轉錄下這些生日，有了這些完善的準備工夫，到時就不必擔心會忘掉了。某人生日一到，我的賀函或賀電，便準時地傳達給他。

你知道嗎？我常是世上惟一記著他們生日的人！

如果想交朋友，就讓我們以熱誠的態度迎接他們。若有人給我電話，當我拿起話筒，說了一聲「哈囉！」之後，便要帶出十二萬分歡迎的口氣。

對人表示深切的關心，不只是私交上有收穫，有時還對你的公務有意想不到的幫助！

以下是某存款人給銀行的謝函：

「向所有行員們致上無限的感謝！由於大家周到的禮貌及親切的態度，使長時間的等待都變得微不足道，你們的和藹足以消弭焦躁不安的情緒。尤其感激的是去年，家母入院五個月期間，每當我到出納梅爾莉小姐的窗口，她一定會關心家母的病況……」

羅茲戴爾太太恐怕不會到其他的銀行存款了吧！

紐約某大銀行主任渥爾達斯奉派調查某公司的信用狀。渥爾達斯只認識一位知道那家公司情報的人。那是某工廠的經理。渥爾達斯去拜訪他，當他被引到經理室時，年輕的女祕書剛好也進人經理室，向經理說：

「真不巧，今天沒有好郵票給您！」

「因為我十二歲的孩子在蒐集郵票……」

經理向渥爾達斯說明。渥爾達斯說明來意後，便開始提出問題。但是那位經理卻含糊其詞，不著邊際的敷衍一陣。他認為大概不可能自他那裡得到任何情報了。會面的時間很快結束了，卻是不得其門而入的一次白跑。

「老實說，我當時也不知道怎麼辦！」

渥爾達斯在回憶當時的事情時說——

「後來我忽然想起那位女祕書向經理說的事情。郵票、十二歲的兒子……同時，我想起銀行的國外匯兌部，這部門和世界各國常常通信，漂亮的郵票多得是。

「隔天下午，我又去拜訪那位經理，告訴他，我為他的愛子帶來郵票，這次我當然大受歡迎。即使是在他為競選議員而握手時也不會比此刻更熱誠。笑容可掬的經理慎重地拿起郵票，『這個一定很合喬治的意！』或者『這個如何?!很有價值呢！』等等脫口而出，他已沉迷在其中而不自覺了。

「我們談郵票談了半點鐘，並看他兒子的照片。隨後，不待我開口，他便主動地提供了我急欲知道的資料，這一談，竟又費去一個多鐘頭。他傾其所知地提供我資料後，又叫屬下來詢問，甚至還打電話四處向知道的人打聽。此行我充分地達到目的。用新聞記者的術語來說，我是得到頭條新聞。」

還有一個例子——

住在費城叫做拉費爾的男子，多年來拚命的要向某大連鎖商店推銷煤。那家連鎖商店卻向市外買進燃料，載貨卡車總是氣勢豪壯地通過拉費爾的店門前。有一天晚上，拉費爾出席我的演講會，把平日對連鎖商店的憤懣完全說出來，罵連鎖商店是市民之敵，對社會有害。

他實在不明白他推銷不出去的關鍵何在？

我建議他考慮看看別的對策。於是以「連鎖店的普及對國家真的有害嗎？」為題，我們舉辦了個辯論會。

拉費爾因我的勸告而持否定的立場。總之，就是為連鎖商店辯護。他馬上出門去見平日視為敵人的連鎖商店的經理，一見面他的開場白是：「今天不是來推銷煤炭的，是有其他的事來求你幫點忙。」於是他說出辯論會的情形，接著說道：「我想不出有誰可以幫我找到我所需要的事實。我急於想在辯論會中獲勝，很希望你多供給我些資料。」

以下就以拉費爾自己的話來敘述——

我請他只給我一分鐘的談話時間即可。於是他便接見了我。

我和這位首腦人物約定只挪出不折不扣的一分鐘，等我說明來意後，他讓我坐下，結果我們整整談了一小時又四十分鐘。他給別處公司的經理打電話，那個人曾寫過一本關於這個論題的辯論記錄。他覺得他們那種公司對社會真是有貢獻，他滿意自己的工作能替社會出力。因此談話中神采奕奕、眼中閃閃發光。我承認他確實讓我了解了很多以前想像不到的事情，他完全改變了我的心情和態度。

事情結束要告別時，他將手搭在我肩上，送我到門口，預祝我在討論會上得勝，請我在辯論完了時，把結果來同他談談。

「春天時請再來——因為我想要訂購你的煤呢！」

——臨別時，他說了這樣的話。

這件事簡直是奇蹟，這次我一句也沒提，他卻主動的要買我的煤炭。花了十年的苦心，卻抵不過兩小時的關心。這兩小時所得的成績，竟比十年所得還大，僅僅一百廿分鐘，我便意外地完成了十年來的心願，只因我關心他，先於關心我自己。

拉費爾發現的並非什麼新的真理。遠在西元前一百年，羅馬的詩人希拉斯就已經說過：「我們關心那些關心我們的人。」

因此，受人喜愛，打動別人的鐵則是——

給予對方真誠的關心。

12．由衷的讚美

在紐約第八街有個郵局，有一次我為了寄掛號郵件而去那裡排隊等待。擔任工作的郵務員由於日復一日地重複秤郵寄物品、收售郵票及零錢、寫收據等等。因枯燥乏味的工作而顯出漠然的表情時，我就想——

「試試讓這位男士對我有好感。我必須不談自己，而只說一些有關他的優點。關於他，我真正覺得值得讚美的到底是什麼呢？」

這是很困難的問題，特別是對於初次見面的人。但也有可能在偶然間就將它解決了，果然，真正美好的東西讓我發現了……

當他在秤我的信件重量時，我打心底說出了一句：「好漂亮啊，你的頭髮——真令人羨慕！」

乍聽之下，他驚奇的抬眼望我，隨即便綻放出滿臉的笑意，說道：「哦，不！

最近都變醜了。」他謙虛地說。

以前如何我不知道，但是現在的他確實使我覺得很漂亮。他高興得不得了。又說了兩、三句愉快的話，但是最後：「其實許多人都曾那麼說！」他終於忍不住說出了真話。

那天他大概會以很快樂的心情出去吃午餐吧！回家也必定急著對妻子說了吧！然後自得地攬鏡自照：「這真是一頭好髮。」

這件事有時我會跟人談起，有些人便會問我：「那麼你期待從他那裡得到什麼呢？」

我在期待些什麼？

使他人快樂、誇獎他人，不能期待有何報酬，否則，不免要失望。但是，實際上，我仍然希望有所報酬，只是我所希望的是金錢買不到的東西。而我也確實是得到了。為他盡力，而且沒有給他任何負擔的輕鬆情緒，這種「放心」，總是會留下來成為快樂的回憶，這便是我期望於他的報酬。

有關人類的行為有個重要的法則。若遵從對方則大部分的紛爭就能避免。不只是朋友增加，還可以時常嚐到幸福的滋味。一旦破壞這個法則，隨即會被捲入無止境的紛爭之中。

這個重要法則是——

時常滿足對方的重要感。

我們已經提過，杜威教授說過，想成為重要人物的願望，是人類最根深柢固的需求。詹姆斯教授也斷言，人人都有受他人認同的願望。這個願望如前所述，是人之異於禽獸的地方，而人類的文明也因此而進步。

關於人類關係的法則，哲學家歷經數千年一直在思考著。而結果只產生了一個重要的教訓。這絕不是創新，它是和人類的歷史同樣古老。三千年前所羅亞斯得就將此教給波斯的拜火教徒；二千四百年前孔子就在中國傳述弟子，道教的開山始祖的老子也將它傳授；比耶穌基督早五百年，釋迦亦在聖河邊傳給眾生。耶穌一千九百年前在猶太的西奈山，將此教義傳下，他說：「你希望別人怎樣待你，你就該怎樣待別人。」

任何人都希望取得眾人的認同和承認你的價值。你想要在你的小世界中，建立起你的高貴感及重要性，你不會希望不真誠的諂媚，而渴求真誠的讚美，你願你的同事都像史考伯所說：「不吝稱讚，誠於嘉許。」

因此何不遵照這些金科玉律，我們希望別人怎麼對待我們，我們就先怎麼對待他。那麼，在何種情況下，何時，何地做呢？——任何時候任何地方都要這樣做。

威斯康辛州的史密斯說出在某慈善音樂會的體驗，當時主辦單位委託他管理會場喝茶的攤位。

「那天晚上我一到公園的會場時，已經有兩位老婦人站在喝茶的攤位。兩人都很不高興地一副攤位主任的模樣。我為此煩惱時，執行委員巡視過來，遞給我手提的保險箱，感謝我的協助，並介紹兩位老婦人羅絲和珍——是我的助手，當他們匆匆忙忙走掉之後，留下令人難堪的沉默。最後我想到手提保險箱是某種權威的象徵，首先將它遞給羅絲說：『管帳是很辛苦的工作，拜託您幫忙了。』接下來請珍指導服務組的兩人使用機器的方法，並拜託她監督服務工作，就這樣，那天晚上實在過得很快樂。羅絲很高興的享受管理帳目的樂趣，珍也愉快地監督服務組，而我則能優閒地享受音樂會。」

此種讚賞的哲學並非要等到成為外交官或慈善會長才來實行。

你應當每天應用它來創造奇蹟。

例如，在餐廳當侍者送錯了東西時，「很抱歉！麻煩你了，雖然咖啡也很好，不過我還是比較喜歡紅茶。」若能如此尊重地說話，侍者會很高興替你換。

像這種表示體諒的恭敬用辭，用在單調的日常生活中，猶如齒輪注入潤滑油。不但是一種教養，也是獲得快樂的祕訣。

再舉一個例子，美國名小說家李歐納・柯恩原是鐵匠之子。他一生上過不足八年的學校，然而在他死時，卻是世上最富有的文人。

柯恩喜歡十四行詩及短歌，傾慕英國詩人羅賽蒂，他甚至寫了一篇演講詞頌揚羅賽蒂的藝術成就，並寄了一份給羅氏，羅氏非常高興，她大概會對自己說：「一個青年對我的才能有這麼好的意見，必定是個人才。」

於是，她將這位鐵匠的兒子叫來當自己的祕書。這成為柯恩生涯的轉機，站在這一新的職務，得以和當時有名的文學家們親密地交往，而得到其忠告及激勵，柯恩因而向新的人生出航，終至馳名世界。

柯恩的故里格瑞巴堡成為全球觀光客都想去瞻仰的聖地。他的遺產據說多達二百五十萬美元。然而——誰曉得——假如他不曾寫過一篇讚美大名人的文章，說不定終生只是籍籍無名的一介凡人。

這便是衷心的讚美所產生的無可預知的偉大力量。

羅賽蒂認為自己的存在是重要的，這不稀奇。

誰能不認為自己重要，很重要，非常重要呢！

當人們被讚美、受肯定，而為了保持這種高貴感、重要性，他便會更加上進，因此，這往往也是一個人的人生轉捩點。加利福尼亞卡耐基教室的羅蘭多是美術工藝老師，他轉述了工藝初級班的故事如下：

「克利斯沉靜、內向、沒有自信，因而是個不引人注目的男孩子。我除了教初級班之外，也負責高級班。進入高級班對學生來說是莫大的榮譽。

「某星期三，當克利斯努力於創作作品時，自他那專注的神情，我彷彿看到了他體內正燃燒的熱情之火，這一把火震撼了我，『克利斯，怎麼樣，要進入高級班嗎？』多麼漂亮啊——十四歲的害羞男孩充滿感激的臉。他拚命忍住歡喜之淚的樣子，『啊！我？羅蘭多老師，我有那樣的能力嗎？』我說，『當然有！你具有充分的實力啊！』

「只須這樣說我就能使他幹勁十足。我的眼裡也滿溢淚水。走出教室的克利斯，毫無畏怯地挺著背脊，看著我的眼睛中閃著光輝，聲音中充滿自信：『謝謝你，羅蘭多老師！』

「克利斯給我上了重要的一課，那就是讓人覺得自己是高貴而重要的。我做了一個標示板記著：『你是重要的人物！』為了大家能看到，也為了讓自己不要忘記，每一個學生都是同等重要的人物。」

不論是誰都會認為自己在某些方面比他人優秀。因此，要確實得到對方的肯定，則要把你對他真誠的讚美坦率的表現出來，讓他知道。

請記住，愛默生說的話——任何人都會有某些方面比自己優秀，具備了我們該學習之處。

可惜的是——有些人沒有具備任何值得誇獎的優點，卻以俗不可耐的自大，及自我宣傳來掩飾其自卑。

以下介紹運用讚賞的原則而獲致成功的三位人物。三個人都是我訓練班的學員。首先是康乃狄克州的律師的故事。他的名字不欲發表，且以R稱之。

參加我的講習會不久，R氏陪夫人一起去拜訪在長島的親戚。一到上了年紀的老姑媽家，夫人留下R氏，自己則到其他親戚家拜訪。由於R氏須要回到班上報告實驗讚賞原則的結果，就想先在這位老姑媽身上實驗看看，因此他巡視屋內一切，為了找出值得真心讚美的東西。

「這房子大概是在一八九〇年左右建造的吧？」他問道。

「是啊，正是在一八九〇年建的。」老姑媽回答。

「這使我回憶起我出生的房子，設計真美，建築也好，室內又寬敞。妳知道現在人們不再造這樣的好房子了。」

聽到這些話，姑媽似乎深得己意地高興附和：「是啊，因為現在的年輕人不再關心房屋是否美麗了？他們只要有狹窄的公寓、電冰箱以及一部小汽車罷了！」她顫聲柔情地回憶：「這房子是夢的家，是用愛情築成的。外子同我在未蓋這屋子前，已經夢想了許多年。最後還是我們親手設計的，我們並未請建築師。」

然後，她領著R氏參觀各房間。他對她珍藏的各種貴重物品，如蘇格蘭的佩絲利織品披肩、英國古老茶具、魏吉渥特的陶器（魏吉渥特（一七三〇～九五）美國的窯業家發明，在染色的薄陶上疊上白陶土所製的精巧古典圖案）、法國的床和椅子、義大利畫、法國貴族的絹織掛布等等，都衷心地讚美。

屋內的參觀一結束，她又帶著R氏到車庫去看一看。那裡有一輛簇新的別克汽車。指著那輛車，她輕輕地說：「外子去世前不久買的，但是我一次也沒用過……你是識貨的人，我想將這輛車送給你。」

「不！姑媽，這實在很為難。當然，我心裡非常感謝，但卻不能接受這輛車。我自己最近剛剛買了車，何況您還有很多更近的親戚可以送呢！」

R氏一推辭，姑媽就大聲叫道：「近親，確實是有——想得到這輛車，而在等我死的近親可多哪！但是我不會把這輛車給那些人！」

「不然也可以把它賣掉呢！」

「賣！我會想賣這輛車嗎？我怎忍心看著陌生人坐這輛車在街上走呢！這輛車是外子特地為我買的車！要賣掉它，作夢都別想。想要送給你，只因為你能珍愛美麗的東西。」

R氏還是設法在無損其快樂情緒下，婉拒這份好意。

一個人孤獨的住在寬闊的屋子裡，靠著回憶過活的這位老婦人，僅僅是些微的讚賞也很需要。她也曾經美麗動人。她曾建立愛的屋子，從歐洲各地搜集來許多好東西來裝飾房間。現在是風燭殘年的孤獨老人，當她伸出枯乾的雙手索求一點人間的溫暖、一點真心的讚美時，竟沒有人肯付出，因此一旦她得到她渴望的東西，便像是沙漠中找到了甘泉，她的感激，非以一輛新車相報不足以表現。

讓我們來看紐約園藝風景設計家麥瑪宏巷的報告：

「在講習會聽到『打動人的方法』之後不久，我為某位有名的律師作造園設計。於是，那家主人到庭院裡，指出種石南花及杜鵑花的地方。我對他說：『先生，您真是愉快啊，飼養了許多那麼出色的狗。在賽狗會中，聽說您的狗得過許多優等獎狀。』」

「這幾句讚美話，得到驚人的結果。主人很高興的說：『是的，那是很愉快的事情呢！我帶你到一間狗屋去參觀好嗎？』他費了一小時之久，領我去看令他自滿的狗及獎牌，甚至把育狗的系譜圖也拿出來，為我解釋每條好狗的血統，怎麼才可以生出漂亮伶俐的狗來，最後他問我道：『你有小孩子吧！』我回答有，他問：『那位小朋友喜歡狗嗎？』我立刻答：『是的，他很喜歡呢！』於是他說：『好極了，我一定送他一隻小狗。』

「於是，他開始說明養小狗的方法，略停了一下說道：『只用口說會容易忘記，寫在紙上吧。』就這樣他走進屋子裡去了，然後連帶著血統書及打字機打出來的飼養方法，並把要花一百美元才能買到的小狗送給我，這件事其實還花了一個多鐘頭的寶貴時間，只因我讚美了他的嗜好及成績。」

柯達公司的伊士曼發明了透明膠片，才能攝製電影。他因此發了財，成為舉世聞名的大實業家。即使是完成那種大事業之人，仍舊與我們同樣的，由於些微的讚美而感激莫名。

當伊士曼正在羅傑斯塔建築伊士曼音樂學校及齊爾豐會館時，紐約高級坐椅製造公司的經理艾達姆斯想要爭取到該劇院坐椅的訂單合約。於是艾達姆斯向建築家取得聯絡，決定與伊士曼在羅傑斯見面。

艾達姆斯一到約定地點，一位建築家就注意到他了，「你是無論如何要取得這項訂單吧！如果你打擾他的時間超過五分鐘以上，成功的希望就沒有了。因為伊士曼是嚴厲又忙碌的人，所以一定要迅速的結束談話。」

艾達姆斯打算照他說的那樣做。

一進到辦公室，伊士曼正面對桌子，閱讀堆積如山的書籍。終於伊士曼抬起頭拿下眼鏡，走近建築家及艾達姆斯說：

「早安，兩位有什麼事嗎？」

在建築家的介紹下打過招呼後，艾達姆斯面對著伊士曼說：

「從剛才一進門開始，我就很佩服這個房間這麼氣派。您能在如此氣派的房間中工作，每天一定相當愉快吧！雖然我只是室內裝潢的專家，但到今天為止尚未看過如此氣派的房間。」

伊士曼回答道：

「誠然，被你一說，我就想到這個房間完成時的事。完成的當時我也非常高興，但是最近由於太忙，已有好幾週忘了這個房間的好處了。」

艾達姆斯靠近壁板，一邊撫摸一邊說：

「這是英國木呢，和義大利木的木紋有點不一樣。」

伊士曼看了他一眼，回答說：

「是的，這是自英國進口的東西，一位對於木材相當了解的朋友幫我選的。」

於是，伊士曼就將房間的勻稱色彩、手雕的裝飾及其他他自己下工夫之處等等都一一說明給艾達姆斯聽。

他們邊看著精巧的房間設備邊來回走著，在窗邊站定。伊士曼將自己對社會公益事業的看法，以柔和的語調客氣地說出來。羅傑斯特大學、綜合醫院、同種療法醫院、仁愛之家，兒童醫院等等的名字被舉了出來。艾達姆斯由衷地讚美伊士曼對慈善事業的古道熱腸。最後伊士曼打開玻璃盒，取出一部據說是最初所得到的照相機，是買自某位英國人的手中。

艾達姆斯詢問伊士曼關於開始做生意時的辛勞。於是伊士曼回顧他貧窮的少年時代，寡母經營便宜的寄宿房子、自己在日薪五十分的保險公司工作等事情、一一感慨地道出。被貧困的恐怖日夜糾纏的他，決心要設法擺脫貧困，將母親從辛苦勞動中解放出來。艾達姆斯仍然繼續詢問，並傾聽他做感光玻璃板實驗時的事——在辦公室中持續一整天工作，利用藥品發揮作用的短暫時間做片刻休息，有時是連工作帶睡覺穿著一件衣服三晝夜沒換過，伊士曼的故事無窮無盡……

艾達姆斯進入房裡是十時十五分，他被告知耽誤五分鐘以上是不好的，然而，一點鐘、兩點鐘都過去了，他們仍滔滔不絕。

最後伊士曼面向艾達姆斯說：

「前不久我去日本時買了椅子，放在家裡的門廊，因為日曬而油漆剝落，前些天便買了油漆自己重新刷了，怎麼樣，看看我漆油漆的本事如何吧？——那請到舍下去吃中飯吧，我拿給你看看！」

午飯後，伊士曼讓艾達姆斯看椅子，那椅子一把也不過值一元五十分，完全不像是百萬富翁用的，只因經由自己油漆，便有了身價。

將近九萬美元的座位訂單，最後落在誰手中呢——相信不用多說你也知道。

自那時起，伊士曼和詹姆斯・艾達姆斯成為終生的親密好友。

在法國的里昂市經營餐廳的克羅多・摩雷就沿用了此一原則，而使倚重的職員打消了辭職的念頭。此位職員五年來在摩雷及二十一位職員間擔任重要的疏導工作，摩雷在她呈上辭職信時是十分震驚的！

摩雷做了如下的報告：

「我很驚訝，事實上，更感到失望。我自認為一直善待她，儘量滿足其需求，可說是待之如友，多年來她一直是我最倚重的幹部。

「在沒有合理說明的情況下，我叫她過來，說：『波雷特小姐，我不能接受妳的辭呈！妳可知道，不論對我或對公司來說，妳都是無法替代的？這家餐廳能順利的經營下去，撇開我的努力不談，妳的協助絕對是個關鍵。』後來，我也在全體職員面前重複相同的話，接下來請她到我家中，也在家人面前重複對她的信任。

「波雷特因此取消辭呈。我比以前更加信賴她，她也更加賣力。即使現在我也常向她致謝，設法讓她領悟到，她對我及餐廳來說是多麼的重要。」

「與人談話時，若以對方的事為話題，對方必定側耳傾聽。」——這是大英帝國史上一位最靈敏的政治家戴斯雷里的話。

因此，打動人的原則——

讓對方感到高貴重要——並且要有誠意。

第三部

說服人的方法

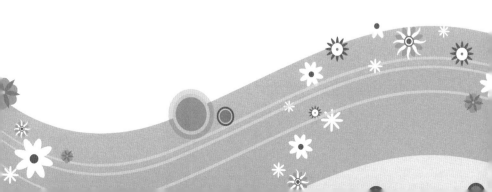

13・不要指責對方的錯誤

當年老羅斯福總統在白宮的時候，他自認為假如每天的言行有百分之七十五是對的，那就算達到希望的最高標準了。

假如那是廿世紀一位最傑出的人，所能達到的最高標準，那麼你我這般凡夫俗子，又如何呢？

如果你能確定保有百分之五十五正確的時候，那你就大可走向華爾街，一天賺上百萬，所以對於沒擁有百分之五十五正確自信的人們來說，他又有什麼資格指責別人的錯誤呢！

即使是眼神、口氣、姿勢等等，也能夠用來指責一個人的錯誤，這和直率地將他痛罵絲毫沒兩樣。究竟是為了什麼指責對方的錯誤呢？

——是為了得到對方的同意嗎？毫無道理！當一個人的智慧、判斷、自豪、自

尊心受到打擊時，他心裡想的是要反擊回去。絕不能使他的意見有一些改變。你可以搬出柏拉圖及康德的邏輯學來同他講道理，但你仍然無法改變他的意見——因為受到傷害的，不是理論，而是感情。

「那麼，我就向你說明那個原因吧！」

——這樣的開場白是最為忌諱的。

這和「我的頭腦比你好！讓我好好地說給你聽，改變你的思想吧！」的說法是一樣的。那就簡直是在挑戰！它是會引起對方的反抗心，你一開口，對方防禦機制一啟動，就馬上做好了應戰準備。

即或是在最溫和的情形之下，想改變人的意見也是很不容易的，那麼在更難堪的情形下又如何？為什麼要置自己於不利的地位呢！

如果想說服別人，要在不被對方發覺時去做，要敏捷而巧妙地進行。

關於此，亞歷山大・波普（一六八八～一七四四、義大利詩人）這麼說：「人們頗願意受教導，做法要像是你並非在教導他；人們所不知道的事，只要提醒他說，是他忘記了。」

三百多年前，加利雷歐這麼說過：「沒有辦法教授別人事物，只能自己察覺來幫助自己。」

契斯塔夫普德（一六九四～一七七三、英國的政治家、外交官）在給兒子的庭訓中，有如下一段話：「要比別人更聰明，假如你能夠的話。但是，千萬不要向別人炫耀自己的聰明。」

我現在幾乎不相信二十年前我所相信的任何事物——除了九九乘法表；甚至當我在讀愛因斯坦書的時，也開始懷疑。再過二十年，我可以不知道我在這本書中所說的話。我現在對任何事情不像從前那麼確定了。蘇格拉底曾反覆地對他的雅典門徒說：「我所知道的唯一事情；就是我什麼都不知道。」

好了，我不敢希望比蘇格拉底更聰明；所以我不告訴別人，他們錯了。而這種做法讓我覺得那是值得的。

如果一個人所說的話你以為是錯的——是的，甚至你知道是錯的！是這樣說不是比較好嗎？「那麼，現在，看看吧！我是另外一種想法，但也可能錯了，我常弄錯。如果我錯了，我願意改正。讓我們來查驗事實吧！」

這句話是奇妙的：「我可能錯了。我常弄錯的，讓我們來查驗一下事實吧！」無論是在天上、地下、水中……我想沒人會反對你說：「我可能錯了。我們來查驗一下事實吧！」

那是科學家所做的事。我有一次訪問史蒂芬生，他是著名的探險家、科學家，曾在北極圈附近住了十一年，有六年間，除了肉和水，沒有吃別的東西。他告訴我，他所進行的某一個實驗。

我問他，要想藉此來證明什麼？我永遠忘不了他的回答。他說：「一個科學家絕不是要證明什麼事。他只企圖要找尋事實。」

你喜歡你的思想中能科學化，是不？那麼，除了你自己外，沒人會阻擋你。

承認你可能錯了，你就永遠不會遇到麻煩。那會停止所有的爭論且激起別人和你一樣的公正，公開，氣量大。那會使他願意承認，他也可能是錯了。

在蒙大拿州有個汽車買賣的男人，應用了這個方法。根據他說：

「販賣汽車，每天精神都非常疲累，以致對於客人的抱怨，也往往會有粗暴的反應，甚至是勃然大怒。商談破裂之後只留下不愉快的情緒。前途黯淡的我，開始考慮要使用新方法。例如：何不試著向客人這麼說：『說來很不好意思，儘管我們以顧客至上，盡力做到最好的服務，但仍難免有疏忽的時候，這次，也許是考慮欠周到，如果還有仍待改進之處，尚請批評指教。』因此，對方也能坦誠相待，終能把事情通情達理地圓滿解決。對於我的『講理的態度』客人總是心存感激，甚至有兩位還介紹朋友來。在競爭激烈的汽車業裡，那樣的客人是比什麼都值得感謝的。我認為：只有尊重客人的意見，慎重對待客人，才是在激烈競爭中的致勝之道。」

「或許是我的錯誤吧！」——這麼說，絕對沒有引起麻煩的隱憂。以這種態度待人，別人也會學你，自我反省——「或許是我自己的錯！」回饋你的也是一種寬容、合理的態度。

如果你確實知道一個人錯了，而你又直率地告訴他，那麼會怎樣呢？我試舉一個特殊的例子吧。施先生是紐約一位年輕律師，最近他在美國最高法院辯論一件相當重要的案件。這案件牽涉到一筆巨額的金錢和重要的法律問題。

在一次辯論時，一位最高法院的法官對施先生說：「海軍法限制法規是六年，是不是？」

施先生停了一下，注視法官一會兒，然後直率地說：「法官閣下，海軍法沒有限制的法規。」

「庭中突然寂靜無聲——」施先生在作者班上敘述他的經驗時說，「庭中的溫度在剎那間似乎降到了冰點。而我已如此的告訴他。但那樣能使他友善一點嗎？我相信我有法律為依據。而且我知道我說得比以前還要完整。但我欠缺說服力。我犯了大忌，毫不忌諱地指出一位極有學問又著名的人，說他錯了。」

極少人是行為合理的，我們大部分人都是自私、有偏見。都有先人之見，因嫉妒、猜疑、害怕、猜忌、驕傲而遭挫折，且大多數人不願改變他們的思想，例如對宗教或髮型或共產主義或克拉克蓋博的意見。所以如果你有指出別人錯誤的傾向，請在每天早晨飯前跪下來讀下面這段文字之後再做決定。這是從魯賓遜教授的啟發性書籍《未完成的思想》一書中節錄下來的——

有時候，我們在毫無壓力之下，很輕易就會改變我們的思想，可是一旦有人告訴我們有錯時，我們就會對此指責感覺不快而硬起心腸來。我們在極不注意的情況下，堅定信仰，當任何人要奪走我們的信仰時，我們覺得自己心中充滿了不正當的情感。明顯地，不是信仰本身使我們覺得可貴，而是受了自尊心的威脅……這小小的字「我的」在人事中是最重要的，而能適當的加以慎重處理，就是智慧之源。

無論是「我的」餐點、「我的」狗、「我的」房子、「我的」父親、「我的」國家和「我的」上帝，都有相同的力量。我們不只對指責我們的錶不準，或者我們的汽車不夠體面的事感覺不快。並且對我們所居住的城市的下水道的概念不清楚而遭指責時感覺不快……我們們喜歡繼續相信我們所慣於接受的事物是真實的，而當我們的假定被起疑時，將激怒我們去尋求各種理由去固守它。結果是我們所謂的理智，大部分都用在尋求證據，為的是要繼續相信——我們已相信的事物。

真心了解一個人是無可估計的困難，相對的，卻也有無可估量的價值。然而，通常我們對別人所說的一切，在未理解前，首先就給予評價，不是武斷地說：「正是那樣」、「真蠢」、「異想天開」，就是自以為是地指責「真過分」或「毫無道理」……而對於對方真正的意思，卻毫不理會。

有一次，我請來一位室內裝潢師，為我家做些窗帘。當帳單送來時，我可是被狠狠地嚇了一大跳。

幾天後，一位朋友來訪，看到窗帘時，問到了價錢，她以勝利的口氣大叫道：「什麼？那太可怕了。我怕你是上了當！」

真的嗎？是的，她說了真話，但很少人喜歡聽由他人的判斷所反應出來的真話。所以，做為一個普通人，我設法自衛。我卻堅持說是一分錢一分貨、一個人不能希望由便宜價格得到好品質又有藝術風味的東西……等等。

第二天，另一位朋友也來拜訪，她充滿熱心地讚賞那窗帘，並且表示她希望有能力在她家設置如此優雅的作品。我的反應完全不同。「噢，說真的！」我說，「我其實負擔不起，我買得太貴了！我很後悔我買了這些。」

當我們錯了時，我們或許會自我承認。如果我們受溫和技巧的處理，我們或許會對別人承認錯誤，甚至為我們的坦白爽直而感自豪。但如果別人要把這不快的事情硬塞入我的身上，那則行不通……

美國內戰期間一位著名的編輯格里萊，激烈地反對林肯的政策。他相信他可以用爭辯、譏笑、辱罵的遊說方法，驅使林肯同意他。他月月年年的使用這種極端的遊說方法。事實上，包括在林肯被布斯所刺殺的那個晚上，他還寫了殘忍、嚴厲、諷刺的攻擊文章。但所有這些諷刺有使林肯同意了他嗎？一點也沒有。

如果你要一些關於與人相處，管理自己及改進自己人格的好建議，那就去讀富蘭克林自傳——那是所有傳記中最有趣的一本，也是一本美國的文學名著。從公共圖書館借一本或在你就近的書店買一本。（如果在你的鎮上沒有書店，可直接向紐約市第五街六百三十號華盛頓廣場出版社。購買富蘭克林傳。價錢是美金四角五分，並附回郵一角。）

在這本傳記中，富蘭克林說到他如何克服爭辯的惡習，而使自己成為美國歷史上一位最能幹，和藹且善於外交的人。

富蘭克林有一次犯了錯，一位老教友把他拉到一旁，用幾句尖酸刻薄的實話諷刺他，內容大概是這樣的——

「賓，你真是令人吃不消。你對和你意見不相同的人實在是一種打擊——你的意見太不實際了，沒有人會關心的。你的朋友覺得，當你不在場時他們比較快樂。你知道的太多，所以沒有人能告訴你任何事了。事實上，也沒有人願意嘗試，因為所費的努力只能引起不舒服的困擾。所以你再不可能知道得比現在的還多，而就你現在所知道的實在說，是極少的。」

我對富蘭克林所知道的一件最好的事，就是他接受了那尖銳的責備。他已夠大方、夠聰明。能知道接受真理，能意識到前途的危機和社交的不幸。所以他就放變方向，立刻開始改變他的傲慢及頑固的態度。

「我訂了一條規則，」富蘭克林——容忍別人所有對情感的直接反駁，和斷然主張。我甚至禁止自己使用每一個在語言中，表示一種固執的意見的字句，正如「確定的」、「無疑的」等等，而我採用「我以為……」、「我料想……」或「我想像……」或「目前我覺得是如此。」來代替。

「當別人硬說些我以為不對的話時，我拒絕粗暴地反駁對方和立刻指出他的主張不合理的樂趣：而在回答時，我開始時說，在某種情況下，他的意見是對的，但在目前的情況下，我以為似乎有些不同……等等。我不久就發覺我這種態度的改變所得的益處；有我加入的談話進行得更愉快。我以謙虛的方法提出意見，使他們更容易接受，且更少有反對的意見；當我被人發現錯誤時，已較少懊惱，且更容易說服別人放棄他們的錯誤而同意我碰巧正確的意見。

「用這種方法，起初和自然本性有激烈的抵觸，後來終於就很容易而又習慣了，那也許是過去的五十年來，沒有人曾聽我說過一句武斷的話的緣由。由於這種習慣（除了我的品格完整外），當我早年在提議新的事物或改革舊的事物時，都能受到民眾的重視，當我成為議員時，我在大眾會議中亦具有影響力；因為我只是不善言辭、沒口才、用字猶豫、語言不甚妥切。但一般說來，我是達到目的了。」

富蘭克林的方法用在商業上效果如何？我們列舉兩個例子——

在紐約自由街一百十四號的馬宏尼，出售油業交易的特殊設備。他已為長島的一位重要顧客訂了一批貨。藍圖已請求批准，而機件正在製作中。然而一件不幸的事發生了。這位買主和他的朋友們討論這件事。他們警告他犯了一項嚴重的錯誤。說他上當了，且所有的訂貨都錯了。它太寬、太短、太這樣、太那樣……他的朋友們使他苦惱而發起脾氣來，於是就打電話給馬宏尼，他發誓不接受正在製造中的這些裝備。

「我非常細心地檢查各項事件，知道我們確實沒錯。」馬宏尼敘述故事時說，「而且我也知道他和他的朋友完全不知道自己在談論什麼，但我意識到如此告訴他是危險的。所以我到長島去看他，當他走進他的辦公室時，他跳了起來急促地說話，向我走了來。他很激動，說話的時候頻頻揮著拳頭。他責備我和我的機件，末了他說：『好吧！對於這件事你怎麼辦？』

「我極冷靜地告訴他，他所說的我都會照辦。『你是付錢的人，所以你當然應得到你所要的，無論如何，總要有人負責。如果你認為自己對，給我們一張藍圖，雖然為了你這件裝備我們已花費了二千元，但可以取消。我們願意損失二千元使你滿意。不過，我要提醒你，我們按你的意願製造的機件，你必須負責。而如果你讓我們按照原訂計劃進行，我們相信不會有錯，並且我們會承擔一切的責任。』

「此時，他已平心靜氣了。最後他說：『好吧！按照原計劃去進行吧；但如果不對，希望上帝幫助你。』」

機件是正確的，而本季他已答應再訂製兩批相同的機件了。

「當此人侮辱我且在我面前揮動拳頭，告訴我，我不懂我的職務時，我盡力自我控制，既不爭論，也不自我辯護。它需要許多自制力，但卻是值得的。如果我告訴他，他錯了，且開始爭執，可能會引起法律訴訟、嫌惡感、經濟損失，並失去了一位重要的顧客。是的，我深信——告訴一個人，他錯了，是不值得的。」

我們再舉另一個例子——記住，我所舉的這些例子是數千人中的典型經驗。

克勞萊是紐約泰勒木材公司的推銷員。克勞萊承認，他已經告訴老練的木材檢查員好幾年，「他們錯了，」而引起爭論，結果卻一點好處也沒有。「因為這些木材檢查員，」克勞萊說，「像棒球的裁判，一旦他們決定，就永不改變。」

克克勞萊看到的是——雖然他辯論得勝，但這家公司損失都數以千計。所以當他選修我的課程時，他決定改變政策，放棄爭論。結果如何？

有天早晨，我辦公室的電話鈴響了。一位盛怒煩躁的人在電話中告訴我，我們送到他工廠的一車木材，完全不滿意。他的公司已停止卸貨，並要求我們立刻安排將木材從他們的工廠運出。在卸下車子貨物的四分之一的時候，他們的木材檢查員說，木材是在標準百分之五十五的等級以下。在這種情況下，他們拒收。

「我立刻抵達他的工廠，在路上，我心中考慮著處理這個局勢的最佳方法。平常在這種情況下，我會引證等級規則，並設法用自己當一位木材檢查員的經驗知識，使那位檢查員相信木材確實是等級之上的，而他在檢查時誤解規則了。但我想我還是應用在班上所學的原則。

「當我到達工廠的時候，我看到採購人和木材檢查員都繃著臉，情緒惡劣地準備爭吵。我們走到正在卸貨的車旁，我要求繼續卸貨。如此我就可以看見事情的發展。我請求檢查員照常進行，把拒收的放置一邊，而把好的放在另一堆。

「一會兒之後，我開始漸漸明白，他的檢查實在太過苛刻，而又誤解了規則。這種縱樹是種特殊木材，我知道這位檢查員對於硬木知識十分充足，但是對於縱樹卻不是一位能勝任、有經驗的行家。縱樹正好是我的特長。但我可以對他分級的方法加以反對嗎？絕對不行！我繼續觀看，慢慢開始發問為什麼某些木塊不滿意。我沒有立刻暗示這位檢查員錯了。我強調發問的唯一理由是我能確實知道他的公司所需的東西以便將來下貨。

「我以一種極為友善、合作的精神發問，並繼續堅持他們把不滿意的木材擱在一旁是對的，我因此使他們興奮起來，而我們之間的緊張關係開始消失而平和起來。我偶爾小心地說出使他心中引起此種意念的話，也許在被排斥的木材中，有些實際上是合乎他們所買的標準，而他們所需要的是要求更貴的貨品。但我很小心，不讓他以為我正要指責這點。

「漸漸地整個態度改變了。最後他對我承認，他對於樅樹沒有經驗，而當每一塊木材由車中卸出來時他就開始向我發問。我就解釋為何如此的木材是合乎標準規定的，但還是繼續堅持，如果不合乎他們的要求，我們不要他們接受。以致於最後他對於那一堆拒收的木材有罪惡感。最後他看出來錯誤完全出自他們那一方，因為在訂單上他們沒註明要上等木材。

「在我走後，他再重新檢查整車的貨物，結果是全部接受，而我們也收到一張全額支付的支票。

「從這件事來看，一點小的機智和決心避免告訴別人他錯了，就為我公司省了一百五十元真實的現金，而保留了好感，更是難定金錢的價值了。」

順便提及，本章並未透露什麼新方法。

十九世紀以前，耶穌曾說：「趕快同意你的敵手。」

換句話說，不要和你的顧客或你的對手爭論。不要告訴他們——他錯了，但要使用些外交手段。

在基督降生的二千二百年前，埃及法老王阿契德給他兒子一些機靈的建議——「使用外交手段，能使你達到目的。」

所以，如果你要說服人、贏得別人同意，請千萬記得——表示尊重對方的意見，絕不可告訴對方他錯了。

14・心平氣和地說話

假如你在盛怒之下，你儘可對別人發作一番，你的氣也隨之消失，心中也高興了。但是別人怎樣呢？你的高興他能分享一點嗎？你那挑戰的口氣，敵對的態度，會使他甘心贊同你的意見嗎？

威爾遜總統說過：「假如你握緊兩隻拳頭來找我，我想我可以告訴你，我會把拳頭握得更緊；但假如你找我來，說道：『讓我們坐下商議一番，假如我們之間有意見不同之處，設法看看原因何在，主要的癥結是甚麼？』我們會覺得彼此的意見相去並不十分遠。我們的意見不同之點較少，相同之點較多，並且只須彼此有耐性、誠意、和願意去接近，我們不難完全相合的。」

威爾遜這段話的真理，再沒有比小洛克菲勒更值得一提的了。一九一五年小洛克菲勒（石油大王的兒子）在科羅拉多州，人人輕視。美國工業史上流血大罷工，一直震撼該州有兩年之久，憤怒凶狠的礦工，要求科州煤鐵公司提高工資，那家公司正是小洛克菲勒管理，不但破產，還請出軍隊來陣壓，數度發生流血事件，罷工工人被擊斃甚多。

在這種充滿了仇恨的空氣裡，小洛克菲勒希望罷工工人聽從他的意見，而且他也成功了。怎麼做到的呢？故事如此：他和他們先交了幾個星期的朋友，然後小洛克菲勒對罷工運動的代表演說。這一篇演說辭真是一大傑作，發生了驚人的效果，把工人們對小洛克菲勒的憤恨怒潮完全撫平。並且使許多人都佩服了小洛克菲勒，那篇演說曾以那樣友好的態度表達出，結果使工人們都走回工廠去做工，絕不再提他們以流血來爭取的加薪問題。

下面是那篇著名演說辭的開頭。注意它在語句之間流露出來的友愛。

先記住了小洛克菲勒的演說是講給一群——前幾天還要把他的脖子弔在酸蘋果樹上的人們聽的；但他說的話比傳教士們還和藹而謙遜。他在演說中滿面春風地運用下列的句子如，「我覺得很光榮能來到這裡」、「拜訪過了你們的家庭」、「會見了你們的妻兒老小」、「我們今日在此相見已非陌生人，而都是朋友」、「友好互助的精神」、「我們大家的利益」、「我之能站在這裡全是蒙你們的厚愛」。

「今天是我一生中最值得紀念的日子，」小洛克菲勒開口說：「我這是頭一次如此榮幸，得與這個大工廠的職工的代表們及廠方的職員同監察們相見。老實說，能來這裡裡感到極光榮，並且我這一生將永遠記得我們聚會的這一天。假如這次聚會在兩星期之前舉行，我站在這裡，簡直就是一個陌生人，你們的面孔我能認識的也只有少數。幸而我有機會到南煤區各工棚都看了一遍，並且同諸位代表，除了走的不算，都各別做一次私人的談話。拜訪過你們的家庭，會見了你們的妻兒老小，我們今日在此相見已非陌生人，而都是朋友。本著這種友好互助的精神，我十分高興有這個機會來和你們一齊討論我們大家的利益。

「不過這次聚會是廠方職員和工人們的代表，我之能站在這裡完全是蒙你們的厚愛。因為我既非職員又不是代表；然而我都覺得我與你們的關係很密切，因為我是來代表工廠的股東和董事……」

這段演說辭，不是一個化敵為友的最佳手段嗎？

假如小洛克菲勒用另一種方式，假設他同礦工們爭辯，用可怕的事實恫嚇他們，假設他暗示他們的錯誤或引用邏輯學定理證明他們確實是錯誤了，結局將怎樣呢？恐怕會激起憤怒，仇恨及暴動。

假如一個人和你意見有衝突，對你無好感，你就是搬出所有的邏輯學來，也不能使他贊同你的意見。好責罵的父母和慣作威作福的上司，同丈夫吵鬧不休的妻子，都應當知道，沒有人願意改變心意的。人們不會被迫贊同你或我的意見。但假如我們很和藹、很謙遜的誘導他們，卻可使他們贊同。

林肯在一百年以前就曾表達過這個意思。他說：「一滴蜜所捉的蒼蠅，比一加侖毒汁捉的更多。」這是一句古老真實的格言。對人也是如此，假如你想讓別人贊同你的理由，首先要使他信任你是他的好朋友。那就是可以捉住他的心的一滴蜜；那也是一滴引導他走上理智大路的蜜。

商人們懂得以友好的態度對待罷工者是最上算的，舉個例子，當福特汽車公司二千五百名工人因要求加薪而罷工時，經理布萊克並不曾震怒、痛斥、威嚇或說是共產黨的鼓動。事實上他反而誇獎工人。他在克里夫蘭各報紙上登一段廣告，慶賀他們「放下工具的和平方法」。看見罷工糾查隊沒有事做，他買了很多棒球及球棒，讓工人們一起玩。

布萊克經理這種講交情的態度所獲得的成功，與其他講交情所得的結果一樣：也產生交情了。也就是以友情來培養友情。因此那些罷工的工人借來了很多掃帚、鍬、垃圾車，開始打掃工廠周圍的廢棄紙、煙蒂及雪茄尾巴等垃圾。你能想像嗎？試想為爭工資而罷工的工人們卻開始在工廠周圍做掃除運動。這種情形在美國勞工鬥爭史上實是空前的。那次罷工在一週內圓滿解決，雙方毫未發生惡感或怨恨。

韋伯斯特大律師的樣子像一尊神，說話像耶和華，他是一位最成功的律師，可是從來也不爭辯；只在提出他自己有力的意見時，用極其和平的言語如：「這將要請見證人們考慮！」、「這或許很值得細細想一想，諸位！」、「諸位，我相信這幾件事實你們是不會遺忘的！」或者說「諸位具有天賦常識，你們很容易看出這幾件事實的重要性。」絕不用恐嚇、不用高壓的手段，絕不勉強使別人相信他的意見。韋伯斯特用的是溫和的說話法，以和善友愛贏得人心，於是得享大名。

你也許永遠不會被請去調解罷工或對法庭的陪審員演說，但是你也許需要把你的房租減低點。這種友愛的與人接近的方法，可以幫你的忙嗎？讓我們看看。

工程師斯托伯嫌他的房租太高了，想要求減低一點，但是他曉得房東卻是一個極固執的人。斯托伯在我的班上自己說：「我寫給房東一封信說，等房子合約滿期我就不繼續住了。但實際上我並不想搬家，假如房租能減低一點我就會繼續租下去。但情形很難，別的住戶也曾交涉過都沒成功。許多人說房東是一位很難對付的人。但我對自己說：『我正在學習一種如何待人的課程，所以我要在他身上試一下，看看有無效力。』

「房東收到我的信之後，便帶著他的助理來找我，我在家門口歡迎他，並使用史考伯熱烈歡迎人的方法。我開頭並不說房錢太貴，我先說多麼喜愛他的房子，請相信我，我確是『真誠的讚美』。我表示佩服他管理這些房屋的本領，並且說我真想再續住一年，但是負擔不起房租。

「他像是從未聽見過房客對他這樣說話。他簡直有點手足無措了。隨後他開始對我講他的難處，他對房客很不滿意。其中有一位寫過十四封信，有些簡直等於侮辱，又有一位房客恐嚇他說，假如他不能使樓上的一位房客停止夜間打鼾，便要把租賃契約撕碎丟在他的臉上，他對我說道：『有像你這樣的房客，心裡感覺是多麼舒服！』繼之不等我開口，他就說會替我減去一點房租，我希望他能多減點，就對他說出我所能負擔的房租數目來，不勞贅言，他就一口答應了。

「臨去的時候，他又回頭問我房子有沒有應該裝修的地方……假如我也用別位房客的方法要求他減租，我敢說也會像別人一樣遭到失敗。我之能獲勝利，全賴這種友好、同情、讚賞的方法。」

這次是一位女士的經驗談。她是長島花園城的黛夫人，她說——

「最近我要請幾位朋友來參加一個小規模的宴會，這次宴會對我很重要。自然，我極盼在宴會上諸事都很如意。總務艾米爾對這類事一向最能幫我的忙的，但是這一次卻使我大失所望。飯菜完全失敗，艾米爾也沒有到場。他只派了一個侍者來招待我們，那個侍者簡直不曾伺候過上等宴會，他竟然給我請的首席客人最後上菜，肉老得嚼不動，其它的菜也糟糕透了，真是難堪，我實在忍不住火了。然而對於客人又不得不努力陪笑，以使宴會圓滿終了。我心裡早想到，等我見著艾米爾、一定要嚴厲質問他一番。

「這件事發生在一個星期三，第二天我去聽講人際關係的演說。在聽講的時候我想到假如把艾米爾叱責一頓也是毫無用處。而且反將招來他憤怒懷恨，將來也無法再求他幫助了。我試從他的立場著想，菜不是他買的，不是他親手做的，他的侍者太笨了，他也沒辦法。大概我把這事看得太嚴重了，未細加思索便發火，因此本打算責備他的，這時我反要用友好的方法對待他。我決定開誠的誇獎他，結果異常圓滿。第二天我又見看艾米爾時，他憤憤然像是已準備好和我大起衝突。

「我說：『艾米爾，你看，我願意讓你知道，每逢我請客的時候有你在後面監視，對我的幫助極大。你是紐約城最能幹的總務，當然我明瞭上次宴會的菜飯不是你親手張羅的，那天發生的事你當然沒有辦法。』

「滿天烏雲散開了，艾米爾笑著說道：『是的，太太。原因全在廚師不好，那不是我的錯。』於是我繼續說道：『米爾，我打算再請一次客，我需要一些意見。你認為我們可以再給廚師一個機會嗎？』

『噢，當然了，太太。一定不會再發生像上次的情形。』

「下一個星期，我又請了一次客，艾米爾同我斟酌了菜單。我絕口不提上一回的錯處。

「我們到了席間，桌上早擺了兩束美麗的美國玫瑰花。艾米爾親自在旁照料，他對來賓的小心殷勤，好像席間有瑪麗女皇在座一樣，飯菜無不可口，上菜的秩序也正確，四個侍者在旁伺候。最後是艾米爾親手做的點心捧了上來。散席之後，首席來賓問我道：『你怎樣應付那總務的？我從來不曾見過這樣的殷勤的招待。』她猜對了。我用友好的態度與誠懇的讚賞，贏得他高興。」

若干年前，當我還是密蘇里州的一個赤著腳走過樹林去上學的少年時，我曾讀過一段關於風和太陽的寓言故事。風和太陽爭執誰的力量大，風說道：「我能證明我的力量大，看，地下正走著一個老人，身上披著大衣，我能比你更快使他把大衣脫下來。」

於是太陽躲進烏雲裡，風使出他的威力猛吹，但是風吹得愈大，那老人愈用力拉緊他的人衣。最後風力竭了，停止了。太陽從雲彩裏走出來，開始對著那老者和氣的笑。不久那老者便用手拭他前額的汗並將大衣卸去。太陽於是對風說道：「仁慈和友善永遠比憤怒和強暴更為有力。」

在我讀過這段故事的時候，其真理卻已經遠在波士頓城有了確鑿的證明。

波士頓是美國的文化教育的歷史中心，我小時不敢想像能得機會前往瞻仰，當時證明這段真理的是波士頓的畢達醫生，更不料三十年後他竟成了我的一個學生。下面是他在我班上講的一件事：

當年波士頓城的報紙上幾乎載滿了江湖郎中的廣告；專門墮胎的醫師及其他庸醫完全用恐嚇的話使病人害怕而不得不聽任他們的擺佈。他們的主要目的在騙錢，草菅人命。墮胎醫生傷害的性命尤其不可勝數，但他們只被罰一點錢或藉政治的勢力，便可免於嚴厲的處分。

這種情形日趨可怕，結果波士頓的上流人士群起攻擊，傳教士在講道時也痛斥這些報紙，哀求上帝使那些廣告停止登載。市民團體、商人、婦女協會、教堂、青年會等大肆攻擊——但都無濟於事。在州立法中也有人登高疾呼攻擊這種卑劣廣告為非法，但是因為對方背後有政治勢力作後盾，因此種種指責皆告失敗。

畢達醫生當時擔任波士頓基督教徒勉勵會的會長，他也曾用過各種方法都無效，這種反對醫界敗類的運動，簡直毫無希望了。

某一夜晚，畢達醫生忽然想起試用一種全波士頓人不曾想到的方法。他要試用寬厚、同情和讚賞。他想使報館方面的人自動停止登載那種廣告。他便寫一封信給〈波士頓前鋒報〉的經理，他說對於那家報紙一向如何地欽佩，他是一個忠心的讀者，說報上的新聞十分詳實純正，社論尤其動人，真是一份最完美的家庭讀物。

畢達醫生說據他自己的意見，〈波士頓前鐘報〉可算是全州最好的報紙，也是美國全國最好的報紙之一。「但是，」畢達醫生繼續說道，「我的一位朋友有一個年輕的女兒，他對我說他的女兒有一晚拿了你的報紙對他朗讀廣告。見有專門墮胎醫生一則，女兒便問他是甚麼意思。說實在的，這使他很為難，不知道應怎樣回答。你的報紙常為波士頓的上等人家所愛讀，假如可以在我的朋友家發生這種事，恐有其他許多人家中難免亦發生同樣的事。假如你有女兒，你願意讓她見到那則廣告嗎？假如她看到了亦請求解釋，您將如何回答？」

「貴報在各方面均極優美，獨有此點，常令人想禁止子女讀它，我深為貴報惋惜。其他逾萬讀者又豈能不與我作同樣感慨呢？」

兩天之後〈波士頓前鋒報〉經理函覆畢達醫生。這封信是一九〇四年十月十一日寫的，畢達醫生一直保存了三十多年，他來到我的班上聽講時，把那信拿給我看，內容如下：

畢達醫師台鑒：接讀你十一日來信深覺感激，多年來敝人一再熟思而未能決定去做的一件事，在讀完你的來信之後使我決意必行。

自下星期一起，波士頓前鋒報決定竭力刪除一切讀者們反對的廣告，倘不能一時即行停止之廣告，亦必慎使文字含義合理，不致再引起讀者之反感。

尊函惠我實多，敝人不勝感謝之至。

伊索是克羅撒斯王宮的一個希臘奴隸，他生在紀元前六百多年，然而他所講的人類特性的真理，卻同二千五百年後在波士頓的情形無異。太陽可以比風更能使你先把大衣脫去；仁愛友善的親近和讚許，比用火爆攻擊的方法更容易改變別人的心意。記得林肯說過：「一滴蜜所捉的蒼蠅，比一加侖毒汁捉的更多。」

當你想使別人依從你的意見時不要忘了——以友善的方法做為起點。

15・讓人說「是」的祕訣

與人談話時，開頭不要討論你們意見不同的事。而要先著重你們彼此贊同的事情。如果可能，你更應當鄭重的說，你們彼此所努力的目的都是一樣，所不同的只是方法而不是主張。

開頭先讓對方連連說「是！是！」——務必避免讓他說「不！」

歐弗斯特教授曾經說過：「一個『不』字的反應，是最難克服的障礙。當一個人說『不』時，所有他的人格尊嚴都需要他堅持到底。過後他也許自覺說『不』是錯了，然而他的尊嚴在當時是絕不容他改變的！他既然一言出口，就必須堅持。因此和一個人談話，開頭就讓他不反對，實在是最要緊的事。」

一個善於說話的人都是在開端就先獲得一些「是」的反應。因此能使他的聽眾心理趨向於「肯定」這方面。

在心理學中這是十分明顯的，當一個人說「不」，並且他的本意確實如此時，他的心理比他說「不」的口氣還要堅定。他的全身組織——分泌腺，神經與肌肉——都會聚集在一起，成為拒絕的狀態。整個腦細胞組織都準備好了拒絕接受。反之，一個人在說「是」字的時候，則沒有上述現象，身體組織是向前進的動作，是準備接受，是開放的狀態。因此首先我們倘能獲得別人多說「是」字，我們就更容易博得他們注意我們最後的「建議」。

這種「是」的反應，本來是一種極簡單的技術。然而有多少人忽略了它！人們好像以為開口必定同別人的意見相反，才能顯出他們的了不起與卓越。一個激烈份子和守舊的人談判，他必定會使守舊的人發怒。事實上這有甚麼好處？假如他把一個人惹急了，僅只為他自己心裡舒服，尚可原諒。但是假如他希望辦點甚麼事，那他真是一個大笨蛋。

假如你的學生或顧客、孩子、丈夫、太太，開口先說出一個「不！」字來，那你必須費盡神仙的智慧與忍耐，才能把他們的否定意見改為肯定的。

紐約格林威治的銀行行員艾伯森，曾利用這種「是」字的技巧，拉攏住一位幾乎失之交臂的闊顧客。艾伯森說：「這位青年來開一個戶頭，我按照規定把開戶中請表交給他填寫，有的他立刻填上了，有幾項問題他都不欲填寫。若我不曾學過人際關係，我必向這位存戶說倘不把表上的問題都填好，我們惟有拒絕收他的存款。我很慚愧以往這樣做了很多次。固然我說出那樣權威的話很能令自己覺得得意——看看誰的權力大，銀行的章程當然不能輕犯。但是這種態度，當然不會使跑來存款的顧客們感覺受歡迎與重視。

這一天早晨我決意要應用一點心理學，我決定先不說本行需要的是甚麼，而說出顧客方面的需要。而且最主要的，我決定在開頭能使他說「是」字。因此我表示和他的意見一致，他不願填寫的問題我也認為不十分必要。

「不過——」我說：「假設你在本行持續存款到老年時走了，你不願意讓銀行把存款轉移給你最親近的人嗎？」他立刻答道：「是，當然願意。」我繼續說道：「那麼，何不把你最親近的人的名字和情況填寫上，假如你不幸離開了人世，那麼我們就會立刻把這筆存款轉移給你所託付的對方。」他又回答說：「是啊！」

那位青年的態度變得溫和了，因為他明白填寫各項問題是為他好，而不是為我們。在他離開本行之前，不但把所有的問題都填了，並採納我的建議用他母親的名義設立了一個信託帳戶，規定他母親將來有權享用這存款。關於他母親的情形，他也按照表格填寫得詳盡無遺。

我於是證實了開頭讓他總說：「是！是！」他便忘了意見相左之處，並很愉快的依我的建議做去。

西屋公司推銷員阿里述說他的一段故事道：在我的推銷區內有一位大顧客，我們公司急欲賣給他一些貨物，前任推銷員曾經費了十年之久去拉攏他，但始終未能使他照顧我們一分錢，自我接管這一區以來，我也花了三年的工夫去兜攬而無效果。經過十三年的不斷訪問和會談，我們才賣給他幾部發動機，假如這一次的買賣做好了，我想還可以使他再訂幾百部，這是我的一種希望。

對了嗎？我想沒有甚麼錯，因此過了三個星期我又去拜訪他，我很自鳴得意。但是這種得意為時甚短，因為總工程師見到我時，劈頭就說：「阿里，我不能再多買你們的發動機了。」

「為什麼？」我吃驚的問道。

「因為你們的發動機太熱，熱得炙手。」

我曉得爭辯是沒有好處的。以往我這樣做過很多次了。

因此我想著如何得到他說「是」的反應。

「好啦，先生！現在看，我和你的意見完全相同，假如那發動機生熱過高，你應當不再多買了。你所要的發動機當然不希望它的熱度超過全國電工協會的標準規定。對嗎？」

他對這一層點頭表示同意。我已經得到了第一個「是」字。

「那麼按電工協會規定，一部標準發動機可以較室溫高出華氏七十二度，對不對？」

「對的！」他說。「那十分對，但是你的發動機確比這溫度高。」

我不同他爭辯。我僅問道：「你工廠裡的溫度是多少？」

「噢，大約華氏表七十五度。」他說。

「好啦，假如工廠裡的溫度為七十五度，再加上應有的七十二度。一共是華氏一百四十七度。假如你把手放在一百四十度的熱水裡，是否會把手燙傷呢？」

他又點點頭說「是」。我便建議道：「好啦，那麼你不要用手去觸到發動機，好不好？」

「好了，我想你說的有道理。」他這樣承認，隨後我們又閒談了片刻，之後他就喚來祕書，吩咐在下月購買我們大約三萬五千元的貨物。

我費了很多年的時間，平白損失了數萬元的買賣，最後才明白爭辯是不合算的，從別人的觀點去看事物及設法讓別人多說「是」字，才是最有利也最有趣。

加利福尼亞州的卡耐基訓練班上有位廣告商，由於某店的友善對待，使他成為該店的固定常客。故事是這樣的——他開始狩獵時，是向當地的某獵具行買弓具。後來，因弟弟來訪，他為了和弟弟一起去打獵，而向當地獵具行租借一副弓箭，卻遭對方以「我們不出租」斷然拒絕。

於是，他轉向另一商店租借。他回憶當時的情形說：

「電洽的感覺相當好。店主的反應和前一家截然不同。他說：『實在很抱歉，因為租借對我們來說不太經濟，所以現在已不再出租了。』然後問知了我有過租借的經驗，又說：『當時的租費不是要二十五或三十元嗎？經濟是很重要的。我們有出售附全套附屬品的弓具，價錢才三十五元，經濟又實惠。我建議您，與其花三十元租借，不如花三十五元享受全套的利益。』結果我不但向他買了弓箭，另外還買了其他東西。最重要的是，以後我就成了這個店的主顧。」

希臘哲人蘇格拉底是一位很有趣的人物，他一向赤著腳，四十歲時頭已禿了頂，卻同一位十九歲的少女結婚，他所做的事，能夠也去做的人，有史以來實在不出幾位。他曾把人類思想的道路大為改變，而且，直到現在，他已死去二千三百多年，還被尊為影響這個紛擾世界至深且鉅的智者。

他的方法是甚麼？他曾指責別人犯了錯嗎？噢，不，蘇格拉底絕不如此。他的整個技巧，現在被稱為「蘇格拉底辯論法」就是基於獲得「是！是！」的反應。他所問的問題都是他的反對者所贊同的。他一開始便得到對方點頭稱是的局面，他繼

16．如何啟發別人

你對於自己發覺的意見，比別人代你說出來的是不是更信得過？假如是，那麼你把你的意見向別人的腦子裡硬塞，合理嗎？那麼，提出意見來——讓別人有機會去反省他的結論，不是一個聰明的辦法嗎？

舉一件實例：費城的賽爾斯，突然發覺必須給失意散渙的汽車推銷員們，灌輸些勇氣與熱心。於是召開集會，他追問他的屬下們——希望從他身上得到些甚麼？在他們談話時，他把他們的意見都寫在一個黑板上。隨後他說道：「你們一切的希望，包在我身上，現在我要請你們告訴我，我可以從你們身上得到些甚麼？」馬上得到的回答是：「忠心、誠實、樂觀、團體合作、每日八小時的努力工作。」有一個人則自願工作十四小時，這次會議的結果獲得一個新的勇氣、新的希望！

賽爾斯說，後來他們汽車的銷售量，一直在成長……

賽爾斯又說道：「我和他們做了一種道德上的交易，因為我盡了我的一份力量，所以他們也盡了他們的力量，和他們商談了解他們的希望同欲求，正合了他們的心意。」

沒有人願意他自己是被別人強迫買甚麼東西或被派去做某件事。我們都喜歡隨自己的心願買東西，或依自己的意思做事情。我們喜歡別人和我們商談——我們的希望、我們的需要、我們的思想。

再舉韋遜的事為例子，在他懂得這個道理之前，曾損失進款若干萬元。韋遜是某服裝與紡織圖案設計公司的推銷員。他每星期去找紐約某著名設計家一次，已經有三年之久了。

韋遜自己說：「那位先生從未拒絕接見我，但是從來沒買過我的圖案畫。他總是十分細心地把圖翻看一遍，然後說，『不成，韋遜，我想今天我們的買賣還是講不成。』」

失敗了一百五十回之後，韋遜覺得自己必是神智不清；因此他決定每星期用一個晚上的功夫研究影響人的行為，以及發展新的意識、產生新的熱忱的方法。

不久之後，他決定重新再與那位設計家接近。他揀了半打尚未畫完的圖樣，走進那位買主的辦公室，說道：「如果你肯幫忙，我來向你請教一點小事。這裡有幾張未完成的圖樣。你可不可以告訴我怎樣畫好，才會適合您的需要呢？」

買方把圖略看了一下，不置一辭，隨後說道：「把它放在這裡，過幾天你再來看看吧！」

三天之後，韋遜又去聽取了他的建議，把圖樣取回，按照那位買主的意思畫完。結果所有的畫全被接受了。這是九個月以前的事。從那時起，這位買主又訂了很多的圖案，都是依照他的意思畫的——結果韋遜淨得酬金一千六百元。韋遜對我說：「我現在才明白數年來不能賣給這顧客的原因，那時我總是強迫他買，我以為他應該要買的。現在我的做法與從前完全相反。我會先請他說他的意見，他便覺得圖樣是他設計的。現在不勞我去賣他，他便自己來買。」

當年老羅斯福為紐約州長時，曾完成了一件駭人的事業。他同政黨領袖們相處極好，而又能強迫他們改革他們一向最不贊成的政事。

我們且看他是怎樣的做法。

當一個重要的官職出缺應該遞補時，他就約請政黨首腦為之推薦人選。

老羅斯福說：「起初他們提出一位政黨的小人，我便對他們說用這樣一位小人不合乎良好的政治，民眾一定不贊成。然後他們又會提出一個名字來，比第一位好不了多少。我就告訴他們說，任命這樣一個人，恐怕還不能符合眾望，不曉得他們還能不能再推薦一位更適宜的人。

「他們第三次推薦的人差不多可以了。但還不十分理想。

「於是我表示很感謝他們，請求他們再試一次，第四回說出來的人就很不錯了；之後他們也許會推出一位恰好就是我自己要挑選的那一位。表示感激之後，我便正式任用此人，而且我要讓他們享受任命此人的榮譽……我就對他們說我已經做了使他們高興的事，現在輪到他們該給我做一點高興的事了。」

他們當真如此做了。

他們贊助了重大的改革案，如選舉案、稅法、及市公務法案等。

記住了，老羅斯福遇事都同別人那樣的商量法、並且尊重他們的意見。老羅斯福遇到任命重要官吏時，他讓政黨首腦們感覺到人選是他們挑定的，意見也是他們給的。

長島某汽車商人利用此種技巧把一輛舊汽車賣給一位蘇格蘭人和他的太太，以前該車商曾把新款式的汽車一輛一輛送給這位蘇格蘭人看，他不是嫌這個，就是嫌那個，又說價錢太貴。當時該車商正在我的班上聽講，便在班上聲請援助。

我們就勸他不要勉強賣給他，讓他自己來買。不要告訴他應當去做甚麼，為甚麼不讓他告訴你應該怎樣做呢？讓他覺得那是他的意見。結果很好。

過幾天有一位顧客想把一輛舊汽車換一輛新的，該車商就想到那個蘇格蘭人也許願意買這輛舊車。因此拿起電話筒，問那位蘇格蘭人能不能特別賞光來公司提供一點高見。

等那位蘇格蘭人來到之後，車商說道：「你是一位買汽車的精明老手，深懂車子的價值，你可否試一下這輛車子，告訴我它還值多少錢？」

那位蘇格蘭人面上露出笑容來，有人向他請教了，有人承認他的能力了。於是他駕車跑了一刻鐘左右，然後回來。他說：「假如這輛車能以三百元成交就不吃虧了！」車商當即問那位蘇格蘭人，倘如三百元說妥，他是否願買。三百元？當然了。這是他自己的意見，他估的價，那次交易便輕易說妥了。

有位X光醫療器材代理商，利用這樣的心理學，賣給布魯克林市某大醫院一批貨。該醫院當時擬增購一部，預備設置最好的X光器材。李大夫負責採購，各廠家都派人來同他談買賣，各人都吹噓自家的東西好，弄得他十分頭痛。

有一個廠家的經理十分精明，他比別人更懂得應對的技巧。他寫了一封信給李大夫，信上大意如下：

「敝廠新近完成了一套X光器材。第一批貨剛剛來到，但不敢說十分完善，所以很想再加以改良。閣下倘能撥冗前來參觀，並指示須如何改善始合貴院之用，則敝廠實不勝感激之至，因知閣下工作極忙，如蒙慨允，請賜知何時可以光臨，敝廠可隨時派車前往迎接。」

李大夫在我的班上說：「我接著這封信，深覺驚異。不僅出乎意外而且覺得愉快。從來沒有X光製造廠商找我供給他們意見，這次使我感覺自己很重要。那一個星期裡我每晚都很忙，但我卻謝絕了某一處宴會，去看那一套新器材，我觀察得越仔細，便越喜愛那套器材。沒有人強要我買，代醫院訂購那套器材完全是我自己的意思。我因為那器材品質極好，便立刻決定購置一部。」

威爾遜總統時代，何斯上校在美國內政外交上可謂舉足輕重。威爾遜總統信賴何斯上校，凡事都同他祕密商議，比其他內閣更加信賴。

何斯上校用甚麼方法竟能影響威爾遜總統至此呢？何斯上校曾對史密斯說過，史密斯在〈星期六晚郵〉上發表過一篇文章，內中引用何斯上校的話：

「我與總統認識了以後，我曉得要讓他有某種見解，最好的方法就是，不經心地把那種意見移植在他的心中，使他感覺興趣，並且讓他自己去想。第一次是因為一件偶然的事，我到白宮謁見他，請求他實施一件似乎他不很贊成的政策。過幾天在某宴會中，我很詫異聽他說出那個建議來，並表示那是他自己的意思。」

何斯上校曾否站起來指明這不是總統的意見而是他的？噢！不。何斯上校絕不那樣做。他不在乎名聲，只希望得到好結果。所以他讓威爾遜總統繼續覺得那是他的意見。何斯上校並且還在公眾之前稱讚總統這些卓見。

讓我們記住，每日與我們交接的人們，也都像威爾遜總統一樣的性格。所以讓我們應用何斯上校的技巧。

數年前，新勃朗斯威地方有一商人曾對我使用這種方法得到我的惠顧，那時我打算往該地去做釣魚旅行，因此先向旅行社打聽種種情形。我的名字必是在一張公開的名單上發表了出來，隨後我就接到許多該地野外帳篷商及嚮導寄給我的信件和手冊等物，反而使我不知接受誰家的好。後來有一個帳篷商做了一種很聰明的事情。他把從前招待過的幾位紐約人的名字同電話號碼寄給我，請我打電話給那些人問問就可以知道他的服務是否會令人滿意。

恰巧他提出的人名之中，有一位正是我的熟人。我打電話問過他之後，隨即電告那家帳篷商我何日起身前去，別家的帳篷商主人，都想要把他們的產品賣給我，但是只有那位讓我自己主動去買，結果他勝利了。

二千五百年前的哲人老子就曾啟示我們——

「江海所以能為百川之王者，以其善下之，故能為百川王。」

江海之所以能容納無數的溪流，乃因其置身於低處。同樣的，賢人欲立人之上，就要能置身於人之下；欲立人之前，就要能置身於人之後。因此，賢者即使立於人之上，人亦不覺其壓力；立於人之前，人亦不覺其礙眼。

因此假使你想影響別人來贊同你的意見，切記——讓別人以為那意見是他的。

17・喚起美好的心情

我生於密蘇里州某鄉村，鄰鎮就是當年美國著名大盜傑西・詹姆斯的故鄉。我曾去過科尼爾鎮，詹姆斯的兒子還住在那裡。

詹姆斯或許自認為是一位理想家，正如兩代以後的「雙槍手」克羅雷、阿爾開潘等重大罪犯一樣。一件牢不可破的事實是：凡你所遇見的人——甚至於你照鏡子時所見的那個人——對他自己都看得很高尚，同時喜歡依照自己所認定的，做個所謂的好且不自私的人。

大銀行家約翰・摩根對人的觀察結果——

人們每做一件事都有兩個理由，一個是好聽的，一個是真實的。

能自己想到真正理由的人，你就不必強調。但我們所有的人，由於內心中都有成為「理想家」的願望，所以都喜歡想那好聽的動機，因此，要想改變人的意見，

應訴諸高尚的動機。

那種方法用在商業上理想嗎？

讓我們看看。試舉賓州某房產公司法瑞爾的經驗為例。

他有一位房客因有所不滿而堅持遷移，租賃契約還有四個月才滿期，每月租金五十五元；然而那位住戶聲稱立刻要搬，不管合約期滿與否。

法瑞爾在我的班上述說道：「那家住戶已在我的房子裏住了一個冬季，我曉得他們若搬走了，在秋季之前，我的房子是不容易再租出去的，眼看二百二十元就要泡湯，真有點著急了。

「平常我必找上那家住戶，讓他把合約再念一遍。我會警告他倘若現在搬走，所餘四個月的房錢應如數照交。然而，這回我卻決定改用一種手段，開頭我說道：『杜先生，我已經聽說你的意思，但我仍不相信你真的要搬走。這一把年紀，看的人也多了，我看出來你是一位言而有信的高貴紳士，說實在的，我敢打賭你一定是這樣的人。現在，我有一個意見，把你打算搬家的決心且暫擱置幾天，從今天起到下月一日應繳房租之前，你若是還找我來，說你要搬家，我一定接受你的意見，我絕對不會阻止你搬家，我將承認我的判斷是錯了；但是，我仍然相信你是言而有信的人，對於自己所立的合約一定遵守到底。』

「好啦，到了下月一號，這位先生找我來親自付他的房錢。他說他同他的太太談過這件事，決定繼續住下去。他們的結論是唯一光榮可行的是『履行契約』。」

已故諾斯克立夫爵士看見某報登載了一張他不願意發表的相片，他就給該報主編一封信。他並不說：「請勿再刊我那張相片，我不喜歡它。」他是訴諸一種高尚的動機，他訴諸我們人人對於母親都有的敬愛之情。他那信上寫著：「請不要再把我那張相片刊出——因為家母不喜歡。」

小洛克菲勒打算不讓報館攝影記者再拍他兒子的照片時，他也訴諸一種高尚的動機。他沒說：「我不願意看見他們的照片發表出來！」他是訴諸我們人人都有的一種深切的關愛，就是不要損傷小孩子們。他說道：「諸位自己也有當了爸爸的。你知道讓小孩們在報上出風頭，並不是很好的。」

柯蒂斯原來是緬因州的一個窮孩子，後來卻擁有鉅資，當了美國〈星期六晚郵〉和〈婦女家庭月刊〉的東家。在他初創之時，不像別家報紙雜誌拿得出大價錢買稿子。他花不起錢聘第一流作家為他撰稿。因之他便訴諸高尚動機。例如，他請當紅的《小婦人》作者奧爾科特女士為他寫稿……他只匯去一百元，不是給作者，而是寄給她所愛護的慈善機關。

多疑的人至此也許要說：「那些地方也許只有對諾斯克立夫爵士，小洛克斐勒或感情氾濫的小說家有效。但是，老兄！我寧可看到它對我要收帳的那位不可理喻的客戶產生作用！」

你也許對了。一件事不會在一切情形之下都有效的，而且也不見得萬人皆適用。假如你對於目前自己的結果感覺滿意，那又何必改變。假如你認為不滿意，那麼何妨試驗一下？

無論如何，我想你會喜歡讀我以前一個學生湯姆的這段真實的故事——

某汽車公司有六位顧客不肯付欠款。他們並不是全不認帳，只是說有的帳寫錯了。但每一項租車或修理記錄上都有顧客自己的簽字。所以公司曉得未記錯帳，並且說明不會有錯。

以上是信用部的職員去索欠款時所採用的步驟。你想他們會成功嗎？

一、他們去見每位顧客，直截了當地說他們來索一筆早已過了期的欠款。

二、他們明白表示公司記的帳目完全正確，所以錯誤應當完全是顧客的。

三、他們暗示公司（即他們）對汽車比他明白得多，所以不用爭辯。

四、結果他們爭論起來。

這些方法曾把顧客勸說得如數付款了嗎？你是可想而知的。

情形至此，信用部的主任幾乎要循法律途徑去對付顧客了。而此時總經理聽見這件事，詳細查考這幾位還不付帳的顧客，發現他們以前都是很能按時付款的，錯處一定是在公司方面——討賬的方法或許欠妥。因此他把湯姆喚去，並讓他去討這幾筆難要的債。下面是湯姆所取的步驟，他說：

一、我去拜訪每一個顧客，討一筆早已到期的賬目，我曉得賬目是沒有錯的！但是我卻對此一字不提。我見了顧客時解釋說，我是來調查一下敝公司對於顧客代辦的和沒辦到的事情。

二、我明白的表示：在未聽完顧客的原委之前，絕不貢獻意見。我告訴他，公司也不是絕對不會錯！

三、我告訴他，我所關心的是他的車子，而且他對於自己的車子比誰都明白。所以在這個問題上，當以他的意見為主。

四、我讓他自己訴說，我則聚精會神而同情地傾聽，這正合他的心意。

五、最後，等那位顧客的心情和緩之後，我把這件事情請他公平想想，並訴諸高尚的動機。我說：「首先請你明白我也覺得這一件事做法欠妥、敝公司的職員給你很多麻煩，並使你生氣，那實在是不應該。我很覺抱歉。聽完你講的這一番事情的原委之後，我實在佩服你的正直與寬大。現在因為你是很公正的，所以請你為我做一點事。這件事你能比任何人都做得好，而且你比任何人都清楚。這兒是我給你開的賬單，請你自己細查一下，有甚麼記錯了的，就像你是我們公司的經理一樣來查一查賬目。我請你全權做主，你說那一筆不對，我們就取消那一筆。」

他看過賬單了嗎？當然，他很詳細地看過，欠款數目自一百五十七元至四百元不等，這些顧客都如數付款了嗎？除了一位說公司記錯了幾分錢以外，所有的欠款都已如數還清。並且在兩年之內，那六位顧客都再度向我們公司添購一部新車。

後來湯姆說：「經驗告訴我，你對顧客不得要領時，最妥當的方法是，你先假設他是懇切、誠實的；只要使他信服那些賬目是對的，他必定樂於償還。更明白的說，人們都很誠實並且願意償付自己的負債。例外的情形並不多見，並且我相信雖遇刁難的人，只要你強調他是誠實，正直，公平，為了成全這一完美形象，他必也會給你一種方便的。」

假如你想使別人贊同你的意見，你就必須——

訴諸高尚的動機，喚起美好的心情。

第四部

改變人的方法

18．人人容許的批評

史考伯先生有一天正午偶然走過他的一所鋼鐵廠，看見幾個工人在吸菸。在那幾個人頭上，就懸有「禁止吸菸」的牌子。你想史考伯是不是會指著那塊牌子說：「喂！你們不認識這四個字嗎？」

啊！不，史考伯絕不那樣做！他只是走到那些工人面前，取出自己的菸盒，給每個工人一支菸，並說道：「夥計們，假如你們能到外邊去吸，我會很高興的。」他們曉得違犯了一條規則——並且他們欽佩史考伯，因為他不但未指責他們的錯，反而給每人一點贈品使他們自覺高貴。像這樣的人，你能不喜愛嗎？

費城大百貨公司的主人梅納克也用過同樣的技巧。梅老先生每天親自到他的公司走一遭。有一次他看見一位顧客站在櫃台前看，沒人注意她。售貨員呢？他們全聚在櫃台遠方的角落上大聊其天呢！梅老先生不發一言地走進櫃台裡邊，親自招呼客人，等東西買齊了，他才交給店員拿去包裝。

公職人員常因不接見民眾而被抱怨，事實上他們的確很忙。因此他們的祕書在為其上司著想的情況下，不免常令求見的人們都吃上閉門羹。在佛羅里達州奧克蘭鎮，長年擔任市長的卡爾有意「開放門戶」，但是在他向部下公開這個政策以後，來求見的市民仍屢遭擋駕。

市長為了解決這一問題，他斥責部下了嗎？不，他絕不這麼做，他只是將市長室的門拆掉了。於是市長大人的真正意思不就昭然若揭了嘛！這種委婉的傳達方式，是何其友善啊！

一句話便可決定你是否可說服人。批評人時，要以誇獎來開始，以「而且」來轉折。但一般人總是一開口便是批判性很強。

要小孩用功時如果這麼說：「強尼，爸媽為你這學期的成績感到很驕傲，但是——我們認為代數若能再用功一點，成績一定會更好。」

一開始受誇獎了，奮起之心剛被鼓舞，卻又來個「但是」的字眼，讓人懷疑其誇獎是否真心，也許是為了批評才這麼說的，疑心一起，鼓舞的作用便前功盡棄。何不把「但是」改成「並且」呢？這樣一句話的更改，便是成敗的關鍵。批評神經質的人，尤其要慎用委婉的忠告法。

以下是傑克太太和散漫的建築工人之間的故事，傑克增建住宅，工事開始後兩三天，傑克太太工作回家一看，竟是滿庭木材碎片散置，凌亂不堪。她心裡抱怨，把撿拾來的木材碎片，整齊地堆在庭院一角。次日，她叫來監工說：「昨天由於你們清理善後，收拾得很乾淨，鄰居都沒抱怨，我很高興。」

此後，工人們的清理善後及監工的檢查庭院，便成了他們下班前的例行公事。

一八八七年三月八日，最善講道的畢吉牧師逝世。亞伯特牧師受邀在下一個星期日登壇講道。他急於展現他最大的才華，便事先把講詞寫出來，並一再加以修飾潤色。寫好之後，他先讀給他的太太聽，那篇演講詞實在欠佳，和多數寫出來的演說文一樣無聊。

假如他太太缺乏判斷力，她一定要說：「亞伯特，那真是遭透了！你會叫演講的人睡著的，讀起來像是無味的教科全書。你講道多年應當很明白，天啊！你為什麼不像對平常人一般的講話呢？不能再自然一點嗎？假如你讀出像那樣的一篇講詞，真要把你自己給侮辱了。」

她當然可以那樣說，假如她當真那樣說了，結果怎麼樣？你可以想得到，她也知道。因此，她說如把那篇文章拿到北美評論上發表，確是一篇好文章。

換句話說，她誇獎了他，同時，卻暗示這樣的詞句不適於作為講道之用。亞伯特明白了這一點，遂把那篇很費心的講稿撕破，直接登台去講道了。

欲想改變他人的意見不招怨恨的方法是——

間接的指出他人的錯處。

19・先說出自己的錯誤

數年前，我的姪女約瑟芬離開堪薩斯城的老家，到紐約來做祕書。她只十九歲，一年前從中學畢業，商業經驗幾乎沒有。現在她已經是一位很能幹的祕書了，起初我看她實在是有待改進的。某一天當我要批評她時，自己先想道：「且慢！你比約瑟芬大一倍的年紀，你的辦事經驗比她多一萬倍。你怎麼能期望她具有你的觀點，你的老練，你的見地呢？等一等！戴爾，你自己在十九歲時又是什麼德行？還記得你那時所犯的蠢事嗎？記得你做這個……那個……的時候嗎？」

想完了這些以後，我誠實公允地判斷——十九歲的約瑟芬比我當年好得多。所以從此以後，每當我要提醒約瑟芬的錯處時，我總是這樣說：「約瑟芬，妳犯了一點錯誤，但是天曉得，妳並不比當年的我錯得更糟，妳不是生下來就會判斷，需要由經驗中得來；並且妳實在比當年的我好得多了。我自己曾犯過很多可笑的錯誤，

我絕不想批評妳或任何人。但假如妳另用他法去做，妳想是不是會更好一點？」

批評的人，要先謙遜地承認自己絕不是毫無錯誤，然後再指出他人的過錯，總是比較容易入耳一些。

加拿大技師迪利斯頓的新祕書，一頁的信函必有二、三處犯錯，他為此感到相當傷腦筋。

他說：「專家也不例外，我自己對於字的正確性也沒有充分的把握，因此數年前便把自己易犯錯的字整理成小冊，隨身攜帶。現在若單刀直入指責祕書的錯，想必無法使她改善，因此我決定另用其法。某天，一看她打好的信照例仍有錯誤，我便跟她說：『這個字我覺得拼得有點奇怪。事實上，我也常為這個字困擾，因此我要查這單字（一面打開，一面讓她看），妳看，在這裡！字的正確很重要，因為人們慣以信來判斷人。一旦有拼錯的字母，便給予人家不好的印象。我不知她是否也作了單字本，如此的話，錯誤就會顯著地減少了。」

一九〇九年德國總理布羅親王深切感覺此事之切要。當時德意志在位的是目空一切、高傲至極、妄自尊大的威廉二世。他建設海陸軍欲與全世界為敵。

於是一件驚人的事情發生了。德皇說出一篇極離奇的話，震驚了歐洲，影響到全球。最糟糕的是德皇把這些可笑、自私、荒謬的言論，在他往英國作客時當眾發表出來，並且允許『每日電訊』照原意在報紙發表出來。例如，他宣稱他是對英人友善的唯一德國人，他又說建設海軍是為維持歐洲利益；只有他一個人才能使得英國不致於屈辱於法俄兩國之下；又說英國的羅伯特爵士在南非戰勝土人是出於他的計劃……等等不及細載。

一百年來的和平時期，歐洲沒有一位國王曾說出這樣驚人的話來。全歐像被激怒的野蜂般嘩然起來。英國尤甚。德國的政治家也為之震駭，在這種驚慌期中，德皇也漸漸有些著慌，他向布羅總理暗示要他代為受過。是的，德皇讓布羅總理聲明那些話應由他負責，是他建議國王那樣說的。

布羅親王辯駁道：「但是陛下，恐怕德國人或英國人不會相信是我建議陛下去說那些話的。」布羅總理說出這句話之後立刻覺得大錯。德皇勃然大怒。

他喊道：「你認為我是個笨驢！你都不至於犯的大錯，我卻做出來了！」

布羅親王知道應該先稱讚然後再斥其錯誤，但是因為已經遲了，他只有退而求其次，他在批評之後趕快加以讚美。這樣的補救法立刻見出奇蹟。

他恭敬的答道：「我絕不是那個意思。陛下在許多方面都遠勝過我：當然不僅限於海軍的知識，尤其是自然科學。陛下每次講氣象，無線電報等科學知識時，我都是異常欽佩地在一旁傾聽，我自己很慚愧對於各門自然科學一竅不通，物理、化學的概念一點也沒有，極普遍的自然現象也不能解釋；但是略可補償的，我對於歷史知識還曉得一些，並略有一點政治才能，尤其是外交上有些品德。」

德皇露出笑容，因為布羅親王誇獎了他。布羅總理抬高了德皇而把自己說得很謙遜，德皇聽後馬上忘掉所有的不快，他很熱誠的說道：「我不是常對你講，你我是互相造就彼此的聲譽的呀？我們須團結一致，而且，我們也一定會這樣的！」

他同布羅總理不止一次地大握其手。並在當天下午極其熱誠地握緊雙拳對別人喊道：「誰再同我說反對布羅總理的話，我一定把他的鼻子打歪！」

布羅親王救了他自己——但是以那樣聰明的外交家還難免有錯：他應當起頭先

說自己的弱點，稱讚德皇的長處，而不可暗示德皇不夠聰明，需要人輔佐。

假如幾句自謙而稱讚別人的話，可以把盛怒之下的傲慢德皇變成熱心的朋友，請想像謙遜與讚美對你我的人際關係上又有怎樣的效用？用得恰當時，真可以有預想不到的奇蹟！

欲想改變他人的意見，且不招怨恨是——

在批評他人之前，先說出自己的錯誤。

20・沒人喜歡接受命令

最近，我曾和美國名人傳記首席作家娜塔莎・羅斯威爾女士一起吃飯。我告訴她我打算寫這一本書之後，我們開始談論與人相處融洽的重要問題。她告訴我，當她要寫楊歐文（Owen D. Young）的傳記之前，曾去訪問與楊氏同在一辦公室三年之久的某君。這位先生講他與楊氏相處三年，從未聽見過他直接命令任何人，他給人的總是溫和的建議，而不是嚴厲的命令。

楊歐文先生從來不說：「做這個或做那個！」或是「不要做這個或不要做那個！」他時常說：「你可以考慮一下！」以及「你以為那樣做可以嗎？」

每當他寫完一篇信稿之後，他常問道：「你以為如何？」當他看罷助理寫的信之後，常說：「或者我們這樣措辭比較好一些……」他永遠會給人有自動改進的機會，他絕不告訴他的屬下應該怎樣去做，而讓他們從錯誤中去學習。

像那樣一種技巧可以使人容易改正自己的錯誤。那種技巧可以保全一個人的自尊，並且給人一種自重感。那使他合作，而不反抗。

沒有人樂意真正接受所謂「命令」的，你不妨試試——要用商量的口氣，代替直接的命令。

21・讓他人保全面子

若干年前美國奇異電器公司遭遇到一個很棘手的問題，就是打算撤掉史坦米斯的主任之戰。史氏是一位大天才，但是他當電工計算部的主任，卻等於廢物。公司實在不敢冒犯他，因為他是公司裡的大人物，而且又極敏感。因此公司特別給他一個新職銜。他們請他當奇異公司的顧問工程師，而另派一個人代替該部主任。

史坦米斯很高興，奇異公司的老闆也很滿意，因為和平的調動了一位有怪癖的人物。結果風平波靜——讓他自己保全他的面子。

「讓他自己保全他的面子」這是如何的重要！但是有幾個人注意到了？保持他人的面子，多麼重要！但我們卻是時常做一些傷感情的蠢事，我們挑剔、恫赫、為所欲為，當著別人面前指責小孩或員工，毫不考慮別人的自尊。其實，這一切是可以改善的，僅需要幾分鐘的細想，一兩個原諒的字眼，真實的諒解他人的情形，便可以減輕很多刺痛！

讓我們記住下次要辭退一個僕人或雇員的時候，該當怎樣做——

會計師葛倫給我一封信，信中有云：「開除雇員並無很大樂處；被辭者更為掃興。我的業務都是有季節性的，因此每年三月都要辭掉一些雇員。在我們這一行有一句話：『沒有人願意當劊子手。』結果，形成一種趨勢——愈迅速解決愈好。

在解聘雇員時，總是這樣直截的說：「請坐，先生，這一季忙碌的時候又過去了，我們沒有許多工作可以派給你，當然，你事前明白我們只是在忙的季節才聘請你來。」等語。

聽完這一套話的人當然很失望，並且在心上烙下「被辭退」的刺痛。他們都是幹會計職業很有些年了，對於這樣草率辭退他們的公司，絕不會存有好感的。

最近我決定在辭退額外雇員時，稍用一點機智與體貼，因此我把每人一冬季的工作成績細想一遍之後，才召見他們，我對他們的談話是這樣的：「先生，你這一季的工作成績很好。前次派你去紐約市辦那件事，確實不易；然而你都辦得很妥當，本公司能有像你這樣的一位職員實在很可自豪。你很能幹，你的前途遠大，無

論到什麼地方做事都會成功的。本公司很相信你，並且請你不要忘記！」

結果如何？被辭退的人心上比較好受得多了，他們也不會覺得是受冷落，他們知道假如我們再有工作時，一定還聘用他們。並且我們當真下季又請他們來時，他們對本公司更加有親切的感情。

已故莫洛維特先生有一種不可思議的神奇才能，專善勸解兩個勢如水火的仇人。他怎樣辦到的呢？首先他精細的尋找出雙方都對、都有理的事實——他誇獎、鄭重其事、小心翼翼地使之突顯出來——並且無論最後是怎樣的解決，他絕不說任何一方有錯。

那是每個仲裁者都懂得的——讓人們保全他們自己的面子。

世界上真正的偉人絕無暇只凝視他們自己的成就。讓我們舉一例以明之：

經過幾世紀的激烈對敵，土耳其人於一九二二年決定要把希臘人從土耳其國境驅逐出去。土國總統凱馬爾對他的士兵沈痛的說：「你們的目標是地中海。」接著激戰開始，結果土軍獲勝；並且當希臘的兩位將軍去往凱馬爾將軍處請降時，沿途大受土耳其人的辱罵。

但是凱馬爾卻無一點勝利者的驕態。他很誠懇地握著他們的手說道：「二位請坐，你們一定很疲倦了。」於是他細談此次戰況之後，打算減輕他們戰敗的苦痛，便說道：「戰爭就像一種運動競賽，好手有時仍不免失敗。」

雖然在全勝之下，凱馬爾將軍還不忘一條重要的規律就是——

讓他人保全自己的面子。

22・卡耐基激勵自己的名言

忘掉過去，
專心一致其他的事情，
這就是解決煩惱的方法。
——美國哲學家　傑克・田普希

下面就是三個能克服煩惱的方法：
一、首先預測最壞的情況。
二、如果是無可迴避的，就要做好面對它的心理準備。
三、沈著地計劃不利事態的補救之道。
——戴爾・卡耐基

人生就像沙漏一樣。
沙漏的兩個瓶子中間是由一個極小的瓶頸連接著，

沙子只能夠每次一粒一粒地從上往下落。
人生事態亦然，無論你事情多麼繁忙，
一次終究只能完成一件事。
即使事情十萬火急，
你也只能按部就班，逐一解決。
——英國哲學家　詹姆斯

過去的事情已經逝如春夢，
不要再頻頻回顧，應該帶著希望去迎接明日。
——美國　馬歇爾將軍

再過一年，
我現在的煩惱，
就不再覺得是煩惱了
——英國詩人　撒彌爾・詹森

即使是再單純的工作，

你也要專心一致地工作。
有什麼方法可消除不安，
而使你心無旁鶩地工作呢？
這個方法，在心理學上是極其明確的基本法則，
那就是：「任憑你多麼天才，也絕不能三心兩意。」
——戴爾・卡耐基

過去的事情不要再去掛念。
把它當作一個經驗就好。
忘掉煩惱吧！
眼前已有太多的困難，
所以，你更沒有理由去咀嚼過去的困擾。
——美國總統　胡佛

將傷心的枷鎖砍斷，
將煩惱的陰影揮去，
就是幸福的人。

——古希臘哲人　歐文・戴奧斯

為了容納明天必要的事情，
你必須把過去一切的事情摒棄在門外。

——英國醫學家　威廉・奧斯拉爵士

假如我們凡事只是袖手旁觀，
毫無參與的熱情，
那麼，我們便成了達爾文所說的「軟殼蛋」了。
所謂「軟殼蛋」，
是指沒有行動力與意志力的軟骨頭，
也是落伍的幽靈。

——戴爾・卡耐基

當我考慮問題時，
總是把我心扉的一角打開，
等到解決時，就把它闔上。

第二次再考慮時，我又打開另一角。
想睡時，我就把整個心扉閤上。
——法國皇帝　拿破崙

煩惱比工作更具殺傷力；
為了煩惱而喪命的人數，
遠較為工作喪命的人數多。
——美國教育家　愛德華

假如比起恐怖的惡夢，
現在深受的恐怖還算是好的。
——英國文學家　莎士比亞

在人的一生中所發生的事，
大概有百分之九十是對的，
只有百分之十是錯誤的。
假如你想過得幸福，

那麼你就只去想那百分之九十的正確的事，
而忘掉那錯誤的百分之十。
如果你想自虐或想要胃潰瘍，
那你只好專心去想那百分之十的錯，
而忽略那百分之九十正確的。

——戴爾・卡耐基

喬治・哈法德曾說：
「到了晚上要滌盡你的思慮。」
這話的意思，不僅是指自我反省，
而是應像脫掉衣服一般把整個靈魂蛻去，
將一天所犯的錯，
或所犯的罪，一併揚棄。
翌日，你就會發現一個新生的自己。

——英國醫學家　威廉・奧斯拉爵士

開朗起來吧！

因為世上還沒有令人無法承擔的淒慘和不幸。

——美國文藝評論家　詹姆斯

時間可以改變一切。

過去的我，

自然不是現在的我。

而現在的你和我，

也許到了明日，

又變成了另外一個人。

——法國哲學家　巴斯葛

我是個十足的樂天派，

我只有成功的意念。

如此，在不知不覺中，

從來沒有所謂的不幸與失敗的恐懼心理。

凡事我都以這樣的人生哲學來處理，

並詳加檢驗自己的能力，

於是，我就能量力而為地做好各種計劃，
並努力完成它。

每一種計劃，應該有一己的巧思，而切忌蕭規曹隨。

——法國將軍　迪南

我們的疲勞並不是因工作而產生的，
煩惱、挫折、後悔才是形成的原因。

——戴爾・卡耐基

過去的事情，
已經一去不返，
聰明人只是分秒必爭地考慮到現在和未來，
根本沒有閒暇去想過去的事情。

——英國哲學家　培根

我走進實業界後才發現，憂慮是於事無補的。
所以一遇困難，我總儘量克服，

若非我能力所及，我就乾脆忘掉它，而專力於工作，
結果，反而使工作效果更加卓著。

——美國牧師　亨利・沃特・理查

與其工作時不知所措，
不如事前擬好周密的行事計劃。

——英國首相　邱吉爾

蹉跎——
是沒有希望的悲傷，沒有任何的智慧。

——約翰森

遇有大悲傷，必以勇氣去面對它；
遇有小悲傷，必以忍耐去應付它。
完成一天的工作之後，
好好地安眠，神會保佑你的。

——法國文學家　雨果

唯有小事情才會令人煩惱。
假如大象衝過來，
你儘可迴避牠；
而渺小的蒼蠅，
你卻無法躲掉牠。

——美國幽默作家　喬治亞

微笑、昂首闊步、作深呼吸，
嘴裏哼著歌兒。假如你不會唱歌，
用鼻子哼哼也可以，
如此一來，你想再惹煩惱也不可能了。

——戴爾・卡耐基

若能準確地把握問題的核心，
即使只做到一半也算是把問題解決了。

——美國實業家　查爾斯

當碰到煩惱時，
我會在一小時內將那個煩惱驅逐，
而發出「多麼美好的人生」的讚嘆。
我的方法是走進自己的書房，
閉著眼睛抽出一本書，
不管那是普列斯考特的《墨西哥征服記》，
還是史耶特紐斯的《羅馬帝王記》，
我便隨意打開一頁，專心閱讀。
這書讀得越深入，
便會感到世界總是在苦悶中掙扎，
文化常常瀕臨毀滅。
史書中的每一頁，
寫盡了戰爭、飢餓、貧窮、疾病、
及人類不人道的行為。
一小時過去，
走出這一段悲慘的歷史，
我才發現現在比起從前，猶之天堂與地獄。

如此，我便知道世界是朝向太平、安樂邁進的。

——美國財政學家　羅加・巴布森

你的行為要低，

你的希望要高。

——赫伯特

殺死人類的往往不是工作，而是煩惱。

工作對健康是好的。

煩惱就像齒輪上的鐵鏽，

會鏽壞一部機器，使它不是運轉，而是不斷的磨擦。

——美國牧師　亨利・沃特・理查

失眠症者之所以睡不著，

是因為太擔心失眠症。

為什麼你會注意到失眠症呢？

那是因為你睡不著的關係。

——美國出版家　富蘭克林・亞當斯

已經決定好要立刻實行一件事，
剩下的便僅是一個時間的問題而已，
你應拋開所有不必要的擔憂，
只須全心全意去考慮事情的結果即可。
——美國心理學家　威廉・詹姆斯

通向幸福之道只有一條，
即是不為不如意的事煩惱。
——古希臘哲學家　皮耶克

小事不必太過計較，
因為這些微不足道的事情，
正是人生的白蟻，
只能毀滅自己的幸福而已。
——戴爾・卡耐基

一個人不能同時處理一種以上的問題，
但世人往往貪心地同時處理三種問題——
「過去的問題、現在的問題和未來的問題」。
我們憎恨人時，
寧可是自己去支配敵人，
而非受憎恨支配。
但一旦你憎恨了敵人，
即表示你將敵人看成頑強之輩的緣故。
而憎恨便開始支配你的睡眠、
食慾、血壓、健康、幸福等，
如果敵人知道我們因此而困擾，
他便要乘虛而入。
憎恨非但於他毫髮未傷，
反而將自己的生活陷入地獄中。

——戴爾・卡耐基

要擁有最好的希望，

而且要為最壞作準備。
——俚諺

我戰勝了貧病。
有人問我：
「任何人都無可避免的煩惱，你是如何去克服它的？」
我回答他：
「我既能忍耐昨天、忍耐今天，
至於明天，我便不去考慮了。」
——美國哲學家　陶樂斯・迪羅

一有煩惱，
就要像埃及駱駝尋找水般充分的運動，
另一方面也把滿杯憂慮化為烏有。
治療煩惱的特效藥是運動。
解除煩惱，最好用肢體的運動，替代頭腦的運動，
這是立即見效的方法，你不妨也試試。

——美國陸軍上校　愛迪・伊加

如果把世上人類的煩惱蒐成一堆，
再均分給每個人，
相信大家都能滿足地滿載而歸。
——古希臘政治家　索倫

忍耐，
是治療任何煩惱的特效藥。
——義大利演說家　普勞托斯

已是相當古老的事，
有一天我突然感到不安和幻滅感，
想到將來會是一片黑暗時，
突然看到手上所拿的聖經，
裏頭有一句話，吸住我的目光，
這句話是：「把我送到地上來的人，常與我同在——

像父親一樣的神啊！你不要把我拋棄！」在那一瞬間，我的人生改變了。
自從那天以來我幾乎不問斷地重複唸著那句話。
近年來，一到我家來和我商量的人很多，
我總以這句話相贈。只因為它常與我同在、
隨時給我心安、給我力量。它是我希望的泉源，
「主啊！你不要把我拋棄！」我總是這樣複誦的。
——美國牧師　約瑟夫・阿爾費爾

根據平均值的法則來解決煩惱，
你必須自問：
「完全不發生問題的百分比有多少？」
——戴爾・卡耐基

我們應當致力的，
不是那遠方的模糊的事物，
而是那明擺在眼前的事物。
——英國史學家　卡萊爾

科羅拉多州的隆古斯峰的斜面上，
橫陳著一棵巨樹的殘骸。
植物學家說它的樹齡已有四百年歷史。
當哥倫布在新大陸登陸時，
它還是株樹苗，
當英國的一〇二名清教徒在普利馬斯登陸時，
它也只是一棵小樹。
在它那漫長的生涯中，
經過了十四次雷劈的摧殘、
四個世紀不輟的風吹雨打，仍能屹立不搖；
可是最後竟不敵大群白蟻的侵蝕而不支。
白蟻群咬破了樹皮，鑽進樹幹，不斷的襲擊，
終於蝕盡巨樹的生命力。
這棵樹，不怕雷劈、不畏風雨，
安然度過了幾個世紀，
而最後卻屈服於一根手指頭即可捏死的小蟲下。

——美國科學家　哈里・愛默森

要準確地抓住每一個問題的本質，
把工作分段，並適當的分配時間。
——美國科學家　班傑明・富蘭克林

假如我感覺問題很多時，
我便撒手不管，
任由問題自己去解決。
——美國實業家　亨利・福特

人不是為煩惱而生的，
因此，切不可斤斤計較人生的各種問題，
同時也不要想一眼就看清即將擔當的職責。
每次問題發生時，
都要自問：「這問題的難處在那裡？」
如果你能誠實回答這個問題，
相信你也將感到無地自容。
其次，你應有這種信念——

「論過去或將來都無法打垮我。」
因此，你要針對「現在」，把它適當的分割。
決定它們範圍的大小，
這種分割如果恰當，
那麼處理起來就容易了。

——古希臘政治家　索倫

對自己的煩惱發出「停止侵害」的命令。
這樣，你就可以排拒那些額外的不安。

——戴爾・卡耐基

悲哀的由來，
乃在懷疑自己是否幸福。

——英國文學家　蕭伯納

當我碰到挫折時，
自認為可以克服的，便盡量去做。

認為絕不能克服的，就乾脆把它擱到一邊。
我絕不先決定將來的事，
因為將來是個未知數，
誰也無法預測將來的變化，
所以，大可不必去擔心它。
——瑞士作家　K・T・凱勒

令人憎恨的是為了追捕一隻鼠輩，
而落得要賠上一棟房子——
燒掉房子以消滅之。
——美國科學家　哈里・愛默森

我沒有一毛錢的時候，
並不是我最煩惱的事，
因為任由你怎麼煩惱也無濟於事。
能做的只是盡力而已，
至於其他的，只有委諸上帝了。

——美國神學家　傑西・佩尼

擔心自己是否會生病的人，
比能夠忍耐病痛的人更不健康。

——法國道德學家　羅斯福克

期盼神到來的人，
他不知自己已在神的手中了。
你要相信，神與幸福是一體的，
所有的幸福，都在你擁有的這一剎那間來臨。

——法國文學家　安德烈・紀德

沒有人承受不了現在的重擔，
但如果把過去的重擔再加到現在的重擔上，
他便要不勝負荷了。

——蘇格蘭作家　喬治・麥克唐納

法律的金言：「法律不關心小事情。」
假如你要擺開煩惱、求得心安的話，就要取法此道。
——戴爾・卡耐基

切莫預測困難，
說不定那是不會發生的事。
你只要效法太陽，常保開朗的心情。
——美國科學家 班傑明・富蘭克林

為了制止未發生的禍害，
憎恨費去了多少時間？
——美國總統 傑弗遜

首者先要確實蒐集眼前的事實。
未能用公平的眼光去衡量一切事實之前，
還是不要去碰這些問題吧。
——戴爾・卡耐基

今天的擔心，
絕不要延續給明天，
因此，當你每晚上床時，
要心平氣和地和你的煩惱談判：
「我已為你全力以赴了，今後不想再見到你了。」
——英國詩人　威廉・柯拔

失物的廣告一則：
昨日，從日出到日落之間，
我兩度失去了六十分鐘的寶貴時間。
拾獲者沒有賞金，就讓它永遠遺失吧！
——美國教育家　湯馬斯

每天的生活就是你的教室、你的宗教。
——美國女作家　卡密兒・姬布朗

我從不考慮未來的事情，

因為它轉眼間便會來到的。

——美國科學家　愛因斯坦

現在憎恨所經歷的時間和狀況，
都是以前的時間和狀況累積下來的結果，
這是造物者從過去，
直到現在所創造出來的最美好的東西

——美國思想家　愛默生

總而言之，
如果連一點讓你有趣、快樂的事都沒有的話，
那麼，你便又浪費了一天。
對我而言，這有違神的意旨，也是很遺憾的事。

——美國總統　艾森豪

無論如何艱辛，
你都要正視現實、確定目標。

一旦決定了目標，
就要將所有的時間和精力都投注上去，
不要對你的決定是否正確而猶豫，
也不要浪費你寶貴的時間，
要徹底地去達成目標。

——戴爾・卡耐基

不要浪費時間，
因為人生是時間的累積。

——美國科學家　班傑明・富蘭克林

一年前，
是如何面對煩惱的呢？
有沒有為它浪費精力？
是否這些煩惱都是你自找的呢？

——戴爾・卡耐基

這是相當重要的事；
憎恨活在現實裡，
倘若回顧過去，而能篤定的說：
「過去從沒有浪費過一刻時光」的人，
就是世上最幸福的人。
——古希臘政治家　索倫

要緊緊地抓住現在的時間，
因一分一秒逝去的時光，有無限的價值。
……我現在以自己的一生作賭注，
就如以撲克牌去賭輸贏一樣，
都想努力去贏得這一場勝利。
——德國詩人　歌德

當你處在最壞的境地裡，
仍然認為沒有損失時，
就等於是獲得了一切。

——戴爾・卡耐基

今天想做的善行，
就馬上去做吧！絕不要拖延到明天。

——美國詩人　喬治・裘羅

人生有限，
須及時把握現在。
那以前的已是過眼雲煙，
永遠抓不住的。

——美國評論家　亨利

現在我們無法征服的，
將來也不能征服。
今天不過快樂的人生，
永遠也不會有快樂。
今天不過美好的生活，

永遠也不能有美好的生活。
過去已不存在，而未來誰也不知道。

——法國作家　戴渥特・格烈森

對於明天，
我沒有恐懼，
因為昨天我已知道——我深愛著今天。

——美國出版家　威廉・布萊特

概括古往今來的大哲學家所寫有關煩惱的事，
不外下列兩個重點：
「不走到橋邊就無法過橋！」
「覆水難收！」

——戴爾・卡耐基

據實來說，
生存在現在的人非常少，

不論是誰，都希望生活在「現在以外」的時間裡。

——英國諷刺作家　喬納森・斯維特

「時間」是這個世界上最寶貴的東西，千萬不要浪費。
因為逝去的時間，是不會再復返的。

時間是不敷應用的，
因此，能夠做的事就要趕快去做，
尤其是有價值的事。
假如你能把握住「現在」，
你便離「理想」不遠了。

——美國科學家　班傑明・富蘭克林

煩惱的事，
用散步去走掉是最聰明的。
出去外面走一走，
煩惱就會像生了翅膀一樣飛走了。

——戴爾・卡耐基

一條時光的大河，
滔滔不絕的向前奔流，
絕不會向後倒退的。
有時也許你想叫它停止或加速流動，
而不惜投下全部的財產，
但是不管你如何殫精竭慮，
都是徒勞無功的。
不論你是在工作，還是在休息；
不論你是努力上進，還是委靡懈怠；
不論你是歡欣，還是痛苦，
這條時光大河總是高高興興地流著。
唯一可以利用時光之河的時機，
只有在轉動所謂「今日生活」的水車時，
時光之河一旦流過眼前，
便奔向大海永不回顧。
也許還有下次機會，
也許還有下一泓流水……

可是那些未加利用而流逝的東西，
都已完全失去，
再也不會回到我們的身邊來了。
——挪威作曲家　愛德華・克利克斯

人生有兩個悲劇，
其一是願望未達成，另一則是願望已經達成了。
——蕭伯納

在明天開始之前，
要完成今日所有的事。
明天和今日之間隔著睡眠之牆，
節制的努力是必要的。
——美國思想家　愛默生

有人舊事重提，虐待自己；
或害怕將來受罪，而傷害自己。

這兩種人都是非常愚蠢的——
過去已毫不相干，
未來則尚未到來呢！
——古希臘詩人　塞內加

當不幸的烏雲覆頂，
你就會對工作喪失自信。
若能克服信心問題，不幸就會消失；
只要心中想著幸福，幸福就會來臨，
如同迴照的燈塔，發出瞬息的光輝，令人注目。
——戴爾．卡耐基

為了明日而患得患失，
便要糟蹋了今天的秩序。
——美國教育家　約翰．梅遜．布朗

要知道時間的真正價值，

緊緊的抓住它、不要鬆懈、不要耽誤。
今天能夠做的事，不要延到明天，
這樣你才能快樂的過每一分、每一秒。
——英國政治家　吉斯・斐爾

我勸你應珍惜你的每分每秒。
因為自己的時間要自己去照顧。
——美國政治家　查斯泰・菲爾德

問題的解決之道；
就是把問題的關鍵來詳加考慮，
解決以後，便不要再去想第二次。
——戴爾・卡耐基

假如沒有時間，
我們便將一事無成，
因此，沒有比時間更值得把握的東西，

但也沒有比時間更容易虛擲的東西了。

——美國宗教家　威廉・潘

人類中最活躍的人，
經常是欲望最強烈的人。

——赫德

當你輾轉反側時，
就不要在床上胡思亂想，
快起來找點事做。
你之所以疲倦而失眠，
不是你沒睡意，而是你還在憂慮。

——法國道德學家　羅斯福克

不要以悲哀的眼神去回首過去。
因為逝去的歲月是不會再回來的。
只有好好的利用現有的時間，才是明智之舉。

因為在你手中握有的只是現在。
你要以堂堂正正的氣概去迎接夢幻的未來。
——美國詩人　朗費羅

如果宿願不能得償，
也不須為此懊惱、煩憂。
羅馬時代的哲學家皮耶克說：
「所謂的哲學，就是以自己的幸福為念，
不為外物所役地過你的一生。」
所以，你要過哲學的一生。
——戴爾・卡耐基

假如一次一次地攀登，
再高的山也能征服。
——美國實業家　約翰・沃納梅格

時間是不能用語言來說明的，

它是美好萬物的原料。
有了時間，一切都變得可能。
它提供每日的每一分每一秒。
明天一早當你睜眼，
瞧！它又來到你人生的天地裡，
編織你的二十四小時。
在這二十四小時裡，
充滿著「無限可能」的財富。
每日的二十四小時，就是你人生之糧。
在這一天當中，
你會得到健康、快樂、收入、滿足以及別人的尊敬——
而且還可以追求靈魂的永生。
有效地運用時間，便有了幸福，有了一切。
除了你現在手裡有的時間外，再也沒時間給你了。
過去也和現在一樣，我們所能擁有的，
就是「現在」手裡握著的時間。

——美國小說家　阿諾德・班納特

人類常會埋怨時間不足，
而做起事來，
卻宛如時間是無限一般。

——古希臘詩人　塞內加

我小時候是在密蘇里州的農場中渡過的。
有一天我幫母親取櫻桃的種子，
突然放聲大哭起來，
母親嚇了一跳：「戴爾，你怎麼了？」
我邊哭邊說：「將這些有生命的東西埋下，好可惜啊！」
那時的我，擔心的事情實在太多了，
雷雨交加時，我怕會被雷電擊斃；
不景氣時，我擔心沒飯吃；
擔心死後要下地獄；
甚至擔心比我大的山姆・懷特割掉我的耳朵
及威脅我脫掉帽子向他行禮，
而被其他女孩嘲笑；

有時耽心沒有女孩肯跟我結婚；
婚後又怎麼和新娘相處；
要在哪個教堂舉行婚禮；
婚禮行過後，總要坐上四輪的花馬車回農場，
在車內將如何啟齒……像這樣的問題，
當我在田裡耕種時，始終在腦海裡盤旋不去，
使我苦惱不已。
隨著年月的增加，我才知道我所擔心的事情，
有百分之九十九是不會生的。
——戴爾・卡耐基

這是耶和華所賜的一天，
所以應該要快快樂樂地去過它。
——舊約・聖經詩篇

人生最應該快樂的時刻是現在。
若要使明年的生活美好而充實，

就要在「現在」奠基，
務必充實今年的生活；
若想有一個充實的將來，
也一定要持著堅定的信念——
充實現在，否則你的希望都將落空。
所以沒有比「現在」更重要的時期了。

——美國作家　湯瑪斯

人們常常在不知不覺中讓時間一分一秒地浪費掉，
甚至甘願將一小時放棄，實在是很可惜的事。

——美國科學家　班傑明・富蘭克林

對未來最好的準備是，牢牢地保握住現在。
且要牢牢實實地實行自己應盡的義務。

——蘇格蘭作家　喬治・麥克唐納

23・卡耐基收藏的名人佳句

時間是你最大的資源，
趕快去利用它所賦予的利益吧！
——英國作家　莎士比亞

幸福對事物有其意義，
但並不是指事物。
所謂的「幸福」是你有了自己所喜好的東西，
並不是有了他人認為比較好的東西
——法國道德學家　羅斯福克

我們大家是比那豪華客船來得更好的有機體，
將要做長時間的人生航行。
啟碇前，你應好好注意下列如何完全航海的方法——

希望各位能調節自己，
以便能夠在「今天一天」這一個密閉的房間裡活下去。
登上船，至少應檢查一下大防水壁是否隨時可以使用。
在人生的每一階段裡，只要按下一個鈕，
便能聽到隔壁「過去」——已經死亡的昨日。
明天的事不要今天就去擔憂；
今天的辛勞已夠你煩心了。

——聖經・馬太福音

按另一個鈕，
就能截斷「未來」——尚未誕生的明日。
許多事情都是如此，
只有今天是安全的！
把過去推出去，關緊房門，
讓已經死了的過去埋葬了吧……
把那些愚蠢的、失敗的、已死亡的昨日趕出去，
關牢房門……在昨日的重擔之上，

再添加明日的重擔，
即使是個強者也會舉步維艱、不勝負荷的。
無論過去和未來，
都把它趕出去，關緊房門……
對各位來說，
「未來」就是「今天」。「明天」並不存在……
拯救人類的日子就在今天。
一切精力的浪費、精神的不安、內心的痛苦，
只糾纏著擔心未來的人……
所以要把前面、後面的防水壁緊緊的關住，
然後你必須養成一個習慣：
「在你完全封閉的今日的房間裡，度過你的人生。」
——英國醫學家　威廉・奧斯拉爵士

假如你不堪一擊，
那麼你這一生是注定要失敗的了。
——法國作家　諾曼・溫斯特

見山不見林的人很多。
同理，若只是好高騖遠，
只著眼將來的利益，
便要連此刻眼前的機會與利益都錯失了。
人生已夠短了，如再浪費掉時間，豈不是更形短促！
——英國詩人　撒彌爾・詹森

我們失望灰心，
就好像檸檬水變了質一般。
但請別洩氣，
尤其是為了以下兩種理由，
我們更要試著去突破現狀。
第一個理由：會成功也說不定。
第二個理由：也許不會成功，
也要把不好的轉變成好的。
不要去追悔過去，要勇往向前，
把消極的想法變成積極的想法。

如此，能讓靈感湧現，使我們會變得很積極，
也就沒有閒功夫去嘆息過去了。
——戴爾・卡耐基

如果僅看向陽的地方，
你就看不到影子了。
——美國女教育家　海倫・凱勒

要持有足夠的精神和體力，
在和命運搏鬥之餘，
去開創一個新的生活。
在面臨那無可避免的人生風暴時，
你只有兩條路可走：
一條是逆來順受，
另一條是奮力抵抗。
我在密蘇里的牧場工作過，
那農場昔日曾經種植過很多的樹木。

起初，那些樹木逐漸的成長，
不久，遇到風雪、大小的枝葉上，
都覆蓋著一層層的雪，
最後被一層厚厚的冰所覆蓋。
那樹木，雖受冰雪襲擊，
卻依然頑強地抵抗著，
然而終究抵擋不住冰雪沈重的壓力而斷折。
那些樹木要是知道向北國森林學習就好了。
我曾跋涉過加拿大的常綠樹林好幾百里，
也沒有見過因風雪而斷折的松樹。
這些常綠樹林知道如何調整枝葉來躲掉這些災難。

——戴爾・卡耐基

只要你用心，
你便可發現隨時都有成功的契機。

——美國思想家　愛默生

滿足的祕密，
就是要懂得珍惜已擁有的東西，要能知足。
對於得不到的欲望，就要把它捨棄。
——中國幽默大師　林語堂

過去的每一天都已斷然的結束了。
……只要你已盡了力，
即使是真的做了蠢事，
也要快快將其忘掉。
明天將會更好，
但你要好好利用它，
否則明天也不會更好。
——美國思想家　愛默生

人類的幸與不幸與命運有關，
但與你個人的性格更有關係。
——法國道德學家　羅斯福克

人生就像一場棋賽，
你能掌握的是技術，而不是運氣。
——古羅馬政治家　索倫

憎恨比任何的東西更要消耗一個人的精力。
那種嚴重的消耗，
比粗重的工作、比生病、比起擔心的情況更厲害，
假如洩恨之意襲上心頭的話，
就要趕快用一些好的想法取代。
因為我們的精神是來自神的賜予；
它應有更好的利用途徑。
——戴爾・卡耐基

今天是嶄新的一天，
所有你對今天的努力，
應該都可以得到回饋。
……即使失敗，即使是大失敗，

也總有東山再起的機會。
當你嘗試後，依然失敗，
你仍有好的機會重新出發。
因為所有的失敗，
只是為了使你暫時休息一下，
而不是要把你打倒。
——美國作家　梅里・皮克葵

愚者認為幸福在遙遠的天外，
智者知道幸福近在腳下。
——美國作家　詹姆斯

人類只有在追求幸福中，
才有其存在的意義。
而且這種幸福存在於人們的本身。
也就是說，一個人為了生存，
必須能夠滿足自己之所需，

這就是幸福。

——俄國作家　托爾斯泰

1 只要有今天，你就是幸福的。

林肯說：「大體上只要人們有決心讓自己幸福，他就可以得到幸福。」這可真是至理名言。

幸福確是主觀的，內發的，而不是來自外界的。

2 只要有今天，你就要順應既有的情況來行事。

並非凡事都可以盡如人意。

你要多方考慮你的家人、事業、運氣，一一調配得當。

3 只要有今天，你就要注意自己的身體，

多做運動、多攝取營養，不可過度操勞，

忽視身體的健康。如果能那樣的話，

身體完全可以像機械一般隨心所欲地運作。

4 只要有今天，你就要鍛鍊自己的精神，

要學習任何有益的事。不要無精打采，

要多閱讀一些跟思想有關的書籍。

5 只要有今天，你就要用兩種方法來訓練自己；

第一、要對每一個人親切，不要輕忽任何人；

第二、就如威廉・詹姆斯所教的：

至少要做兩件自己不想做的事，

這對你的心理多少有些好處。

6 只要有今天，你就要開朗親切、和顏悅色、

說話得體、服裝合宜、行事規矩……

這是你今天應當注意的事。

7 只要有今天，你就要規劃你的人生，

使自己生活得有意義，不要顧慮太多，

徬徨不進，只要專心去做，縱然只有短短數小時，

也會效果驚人，一生有益。

8 只要有今天，你就必須訂定計劃。

每天依照預定進度進行。

能這樣就可避免臨事張惶和猶豫的害處了。

9 只要有今天，你就要騰出三十分鐘來，

好好地去思考神的事，

也許會對人生有更正確的體認也說不定。

10 只要有今天，就要擺開恐懼，要保持愉悅，
要樂於行善，要有愛心，
那麼你的愛就不會失落了。
——美國作家　席密爾

爽朗是照耀內心的陽光，
帶給你安詳寧靜。
——英國散文家　喬瑟夫・亞丁森

真正的滿足，
是能從任何的情況中，
獲得一切有價值的東西。
——英國詩人　濟慈

人們的幸與不幸，
在乎他對人生的看法如何。

我深信這些和事情本身的性質，
似乎沒有太大的關係。

——德國語言家　威廉・佛勒特

幸福一事和人們的地位、財產毫無關係，
是由於自己的想法，
幸與不幸是很主觀的，完全繫於一己的想法。
因此，每天清早，你應該多想想；
希望、自信、愛和成功……以及值得感恩的事，
以這樣愉悅的心情來揭開一天的序幕。
因為人的將來是你從「今天」走出來的成果。

——戴爾・卡耐基

意外事件的確和人運氣好壞有很大的關係，
這些意外事件包括他人的善意，親屬的死亡等等。
而自己的運氣將會如何發展，
則是操縱在自己的手中。

——英國哲學家　培根

若想獲得很多東西，
經過一天的努力，
就能如願以償。

——德國哲學家　尼采

如果你在某方面得不到幸福的話，
可以在其他方面求取幸福。
這種轉換目標之舉，
不須借助什麼格言、座右銘、幸福與否，
繫乎你的人格和健康。
很多人找幸福就像傻瓜找他的帽子一樣，
說不定這頂帽子就在他的頭上，
而渾然不覺呢！

——英國作家　蕭伯納

幸運每個月都會降臨，
但如果沒有及時把握住，將會錯失了它。
這個月可別讓幸福溜走了！

——戴爾・卡耐基

當機會出現在眼前，
能牢牢抓住的人，十之八九都會成功。
能克服偶發事件而靠自己創造機會的人，
卻是百分之百的成功。

——戴爾・卡耐基

為達到幸福所應付出的代價，
並非廉價的。

——吉爾伯特・卻斯坦

假如你經常懷有想快快樂樂過日子的信念，
那麼，你就可以成為一個快樂的人。

——英國作家　史蒂文生

當你運氣不佳時，
就想想我說的話：
「不管運氣如何，對這人生，我已很滿足了。」
——英國詩人　羅勒特・海利克

幸與不幸，
並非取決於財產、地位、或是職業，
而是取決於你對人生的態度。
例如，對在同地方做同一件工作的兩個人而言，
大抵上他們擁有相同的財富和地位，
但其中一個人是幸福的，
另一個卻自認為是不幸的，
道理何在？
這就是由於他們所抱持的人生態度不同所致。
——戴爾・卡耐基

何時抓住機會，
是很重要的；
而更重要的是如何去抓住利益。
——美國政治家　班傑明・戴斯特

事物的成敗並非由命運之神所操縱，
因為祂本身尚無能力去支配「辨別」的神。
——英國詩人　約翰・多來登

人生應當要有兩個目標。
第一、是追求自己想要的東西。
第二、是要享受到手的東西。
能達到此目標的，就是聰明的人。
——英國語言學家　羅根・史密斯

幸福就像夕陽，人人都能看得到，
但是大多數人卻把眼睛朝向別處，

錯過了這一片美景。

——美國作家　馬克・吐溫

能夠歡歡喜喜地去做自己目前所從事的工作便是幸福。

——德國詩人　歌德

衣服乃配合布料剪出來的；
能順應環境變化的人，
對自己是很有幫助的。

——美國作家　威廉・阿爾因

很多人都認為，
只要到外地，
或者換新工作，
就一定可以得到幸福；
其實不見得！
與其如此眺望推諉，

你寧可致力於目前進行之事中去獲得幸福！

——戴爾・卡耐基

只有經過自己努力所獲得的，才算是幸福。
因此，在努力之前，
先要認清你所需的幸福生活，
那就是你要有簡樸的嗜好，
某種程度的勇氣及自我肯定、對工作的熱誠，
而最重要的是你還要有一顆高尚的心。
此外，你要相信幸福絕非虛無縹緲，
應用你的經驗和思考，
才能獲得更多的東西。
決斷和忍耐則足以恢復你的健康——
努力走出你感恩的幸福人生吧！

——法國作家　喬治桑

對所有的事物，

若能爽快的去接受的話，
就可創造出一番局面。
——英國作家　亨利・哈斯

任何人都能夠驅走煩惱、恐懼和一切的疾病。
只要改變自己的心理狀態，
便可展望另一個新生的自己。
這道理我很明白，
因為像這種變化，
我已經驗了許多次，
也由於屢見不鮮，
我也不再為此大驚小怪了。
——戴爾・卡耐基

對任何事物，
你都感到有趣，
當你付諸行動時，

你就會覺得熱勁十足而且不會錯過任何機會。
因此，縱然人生短暫，
你也可有許多驚喜的體驗和收穫。
——英國作家　羅倫斯坦

如果不能欣然接受你的人生的話，
就等於把自己的靈魂出賣給惡魔。
——法國文學家　波特萊爾

人生就如同回力棒一樣，
賜與人的東西，
會再回到自己手上。
——戴爾・卡耐基

在這世上，
你生活的主要目標是幸福。
幸福不受健康或名聲所左右。

得到幸福的最大關鍵在於——
你的人生態度。
不要去哀悼那些得不到的東西，
而要慶幸的是已經掌握的東西。
這樣，你自然會以感恩代替愚蠢的抱怨，
這就是你的幸福。
——戴爾・卡耐基

人生行路，
只要追蹤披荊斬棘的前人就可以了。
我們要用運動員接受裁判的爽朗態度，
接受神賦予我們的壽命、運氣，
和生於祖國的幸福。
——法國詩人　鮑德烈

心能創造出天堂，
也能締造出地獄。

——英國詩人　約翰・彌爾頓

對於已注定的命運，
就要讓自己去適應它。
因為命運之神會眷顧你的。
——馬可・奧勒

幸福的祕訣是盡可能的去關心兩件事。
而且對於所關心的人或事物，
要盡量容忍，儘可能以親切的心情來接受。
——英國哲學家　羅素

聰明的人應給自己創造比上天賜給的還要多的機會。
——英國哲學家　培根

自從人類被創造出來，
就能夠享有健康和快樂所帶來的幸福，至今仍然如此。

只要你內心平靜，不論是看守著麥苗的成長、
氣喘噓噓地在田中揮動鋤頭和鐵鍬、
念書、思考、愛、期望、向神祈禱——
這些是為了使人快樂的事。
無論是精疲力盡的國王或被凌辱的奴隸，
都可以在一畦裏耕耘出無限的領土，
因為這裡就是世間真正的王國所在。

——英國批評家　約翰・羅斯金

幸福的祕訣，
不是做自己想做的事，
而是喜歡自己所做的事。

——英國劇作家　詹姆斯・巴里

將所有的事情全往好處想的習慣，
比億萬財富更有價值。

——英國詩人　撒彌爾・詹森

我是絕不肯向困難低頭的。
只要事情仍有一絲挽救的餘地，
你就不該放棄，要突破、要奮鬥，以期衝破難關。

——戴爾．卡耐基

好好地利用像黃金般貴重的時間，
並緊緊抓住垂手即得的好東西，
這才可稱為人生中偉大的藝術行為。

——英國詩人　撒彌爾．詹森

兩名囚犯由鐵窗往外眺望時，
其中一個看見的是泥土；
另一個看見的是星星。

——法國文學家　福納克

我們對不幸考慮得太多了，
但事實上不至於像我們所想的那樣不幸。

——法國作家　巴爾札克

我所知道的成功者，
都是充分利用本身的既有條件，
他只知此刻要盡力而為，
至於明年會是如何，
他是不去多想的。

——美國宗教家　愛德華

悲觀的態度要比事情本身帶給人的傷害來得嚴重。
我們唯一應該致力的最大問題是選擇正確的思考方式，
假若能夠如此的話，就對問題開啟了解決之道。

——戴爾・卡耐基

機會是很誘人的，
但它到底在哪兒？
很多遙不可及的美好事物最誘人，

但那常常是騙人的幌子。
最好的機會，就在你的身邊。

——英國批評家　約翰・羅斯金

除了人類之外，
所有其他的動物都了解生存最重要的工作，
就是尋找快樂。

——英國詩人　撒彌爾・詹森

不要浪費精力去懊惱那些未能處理的事，
而要去享受那些已經處理好的事物所帶來的欣慰。
乍看之下，行動像是隨著感情而起的，
但實際上動作和感情是並行的。
行動能依照意志直接的來控制，
感情就不能夠了，
可經由行動來間接調整感情。
因此，當失去了爽朗時，

要將其尋回的最佳方法，
就是要爽快的去做、俐落的去說。
——美國心理學家　威廉．詹姆斯

大部分的人經常有的問題是——
在難得的機會降臨時，
卻閉上了眼睛，
能自己探尋機會的人則更少，
有些人即使明知就在眼前，
但因難耐眼睛疼痛，
便又閉上眼睛以致錯失良機。
——戴爾．卡耐基

即使是最壞的事情，
也要照單全收，
這便是獲致內心平和的祕訣。
——中國幽默大師　林語堂

顯然地，環境並不能絕對決定人的幸與不幸。
耶穌曾說：「天堂就在你心裡。」
同樣地，地獄也在你心裡。

——戴爾・卡耐基

我所見過的偉大的成功者，
常常是性格開朗、充滿希望的人。
不管他在人生旅途中遭到任何變化和風雨，
他都能挺起胸膛，一本大丈夫的氣概去迎接人生。

——英國宗教家　查爾斯

事情並不如我們所想的。
即使是小事，也要以謹慎的態度處理之。
努力培養你沈默忍耐的工夫，
而且要預防你抽菸所產生的煙霧噴到他人身上。

——英國醫學家　威廉・奧斯拉爵士

人類最大的財富，就在自己腳底下。

——英國實業家　哈特爵士

運氣不佳時，
不免害怕、沮喪、意志薄弱，
此時方覺幸福是多麼美好的一件事，
並且，有了一次的不幸，
你便更增長一分對不幸處理的智慧。
這樣看來，不幸倒不是一種傷害，
而是可以感恩的，具有積極意義的。

——戴爾・卡耐基

拿到了檸檬就應把它榨成汁，
即使它是酸的，也不要去丟棄。

——美國實業家　朱里雅斯・羅傑

善於利用小機會的人是天才。

只有捷足先登的人，才是名副其實的創造者。

——英國思想家　維多利亞・威斯特

對任何發生的事，都要欣然接受。

若能如此，便是踏出克服不幸的第一步。

——美國心理學家　威廉・詹姆斯

所謂人生，

不過是自己思想的產物。

——古羅馬皇帝　奧雷斯

人不應該將不幸歸咎於環境，

應該學習重新鍛鍊自己的意志，

並確認自己此後應走的路。

——法國思想家　阿魯貝德

在人生中不論發生了什麼樣的狀況，

都要自我檢討，根據其結果，
不要忘了再問問自己到底獲得的有多少。

——古希臘哲學家　皮耶克

為了迎接機會的來臨，
我隨時採取積極的工作態度。

——美國總統　林肯

人都慣於將自己的問題歸咎於環境。
我不相信環境——
因為好的環境，假如找不到，也可以自己去創造。

——英國文學家　蕭伯納

生存的技術，
是要選擇一個攻擊目標，
然後集中力量於這個目標。

——莫洛亞

請將下面的這句話當作人生的座右銘：
「忘卻對人的憎惡、不信任、不友善等。」
使你忘掉不愉快的方法，
就是不要把這些事情放在心上。
假如留心親切、寬大、幸福和對自己有利的事情，
自然可以消弭你心中的憎惡，
於是，你這一生便只有滿足而沒有不滿。
——戴爾・卡耐基

對於不會利用機會的人來說，
機會就會像是波浪般地奔向茫茫大海，
或是變成不會孵化的蛋。
——法國女作家　喬治桑

去朝拜聖地的人都嚷道：
「怎麼這一帶都是荒地啊！」
我深為他們遺憾。

對一個不能培育果實的人而言，
即是整個世界，也不過是一片荒原罷了！

——英國作家　羅蘭斯坦

許多被稱為有害的東西，
往往有助於煩惱者從憂慮疑懼轉為積極奮鬥，
實為一帖有效的強心劑。

——美國心理學家　威廉・詹姆斯

假如能以愉快的心情來面對事情；
我們就會生活愉快了。
如果我們一開始想到傷心的事情，
就是站到悲慘的一方了；
假如一開始就想到可怕的事情，
必然就會忍不住害怕了；
若是想到生病的事，
就真的會生病了；

同樣的若是在意失敗，
就一定會失敗；
如果對自己太過於寬大，
則會使他人疏遠自己，
而且大家都不再接近你了。
——戴爾・卡耐基

不管你知道多少的金玉良言，
不管你有多優良的條件，
在機會來臨時若不具體行動，就不會有進步。
光有遠大的志向，而不貢獻出來，人生也不會提昇。
——美國心理學家 威廉・詹姆斯

人生和宴會相同，
人生也不要喝得太多，在未口渴時離開最好。
——亞里斯多德

所謂幸福，
與你豐富的知識無關，
而在於你如何運用那些知識。
幸福也與所受的訓練無關，
而在於你是什麼樣的人，
且能做什麼事。

——美國作家　喬治・霍南

信仰就是相信眼睛所見不到的事物。
而信仰的報酬就是讓眼睛看見所相信的事物。

——古希臘神父　奧古斯汀

您覺得在一天之中，
若以樂觀爽朗的態度來工作，
比起一整天板著臉來做事，較不易疲勞？
經常微笑，就不會精神緊張了。
疲勞不是工作所致，

而與人生態度息息相關。
——戴爾・卡耐基

人生成功的祕訣
是當好的機會來臨時，
就立刻抓住它。
——美國政治家　班傑明・戴斯特

人生就是神為我們寫下來的童話故事。
——德國宗教家　安迭生

環境不能夠束縛人，
人能夠創造出環境。
奴隸說不定本來就是個自由人，
而王公貴族很可能本來就是個奴隸。
之所以有貴賤之分，
乃緣於創造環境方法不同所以致之。

——佛烈德里克・羅拔遜

人生之形成，
完全是自己所為之累積。
要使其美好或是醜陋，全憑自己。
先由一點一滴構成一面，
再慢慢累積成一片立體。
由於你的精心塑造，
也許可以得出一個永恒、美好、愉快的結果。

——美國牧師　威廉・微亞

人生最大的喜悅是——
世間的人都說不會，可是你卻能完成了它。

——巴杰特

先有獲得幸福的決心，再以行動去貫徹，
便可真的獲得幸福了，人們到底能否得到幸福，完全在於內心的想法。
財產和名聲是絕對無法取代幸福的。
獲得幸福的方法有：

1 堅持你特有的人生哲學。
否則將動搖了自己的信念。

2 心情不好時，挑個風和日麗的好日子，
到景色宜人的地方去散步，留意你周圍是多麼的美。
若能如此，你就會立刻感到人生是幸福的。
在此一時間，即可決定你這一天、
一個星期，一個月或一整年的心情了。

3 吟誦美麗的詩篇，傾聽美妙的音樂。

4 儘量地以親切待人。

5 若是女性，則必須好好地整理家中，
把它佈置得幽雅宜人。

6 保持身體的健康。對於風濕病、關節炎、
神經炎、高血壓等容易染上的疾病要小心避免。
一旦感染了，就表示你沒好好照顧好自己。

7 要培養一些嗜好，並將其長久保持下去，
好使你一生多采多姿，趣味盎然。
——戴爾・卡耐基

祈禱不能改變神，
而能改變人。
——丹麥思想家　謝運・黎凱哥

祈禱是宗教的靈魂，
也是宗教的精髓。因此，
祈禱是人生的核心，
沒有宗教信仰，
任何人都無法生存。
——印度哲人　甘地

產生勇氣的方法、
獲得幸福的方法、

增強能力的方法和無憂無慮的方法，
就在於隨時反省自己。
如此，便能替自己找出最好的方向。
您若對自己說些值得感謝的事情時，
心情會快樂奔放得放聲高歌。
——戴爾・卡耐基

傷害我的，就是我自己。
我所受的傷害，出於我自身。
除去「自我」的煩惱，
其他所有的煩惱只不過是些幻影罷了。
——法國女皇　聖・迭爾納

如果人生有再版，
那麼我會如何改善誤植的部分呢？
——克雷亞

後記

在人類群居的生活中，即使想一天離群索居都沒有辦法，因此在社會生活中沒有比人際關係的調整更重要的事，而且沒有毫無「煩惱」的社會人。精神上的煩惱已經不少，身體上的困擾也無法避免，結果往往使人精神委靡，活力盡失。

這人生的兩大切身難題既不可免，就要尋求適當的解決途徑，然而大部分的人，卻是在「毫無辦法」中，「煩惱」地過日子，即使是學校，至今都還沒有類似的課程，而卡耐基卻將它輕易地寫在稿紙上，輝煌地展現在我們面前。

本書所闡發的絕對不是什麼嶄新的理論，而是人類有史以來，曾被思考過、實行過的成功例子。這些活生生的例子被作成簡明的結論。因為不是硬梆梆的理論，因此，可以輕鬆地閱讀它，卻要認真的思考它，貫穿全書的精神是健康而活潑的！

國家圖書館出版品預行編目資料

〔增訂版〕人性的弱點／戴爾・卡耐基 -- 增訂三版
-- 新北市：新潮社文化事業有限公司，2023.04
面；　公分
ISBN 978-986-316-871-3（平裝）
1.CST 成功法　2.CST 人際關係

177.2　　112000780

〔增訂版〕
人性的弱點

作　　者　戴爾・卡耐基
主　　編　林郁
企　　劃　天蠍座文創製作
出　　版　新潮社文化事業有限公司
電話 02-8666-5711
傳真 02-8666-5833
E-mail：service@xcsbook.com.tw

印前作業　東豪印刷事業有限公司
印刷作業　福霖印刷企業有限公司

總 經 銷　創智文化有限公司
新北市土城區忠承路 89 號 6F（永寧科技園區）
電話 02-2268-3489
傳真 02-2269-6560

增訂三版　2023 年 11 月